Bem-aventurados os escolhidos

The CHOSEN

Estudo bíblico interativo

Temporada 2

Bem-aventurados os escolhidos

Amanda Jenkins, Dallas Jenkins e Douglas S. Huffman

THOMAS NELSON BRASIL®

QUITANDA

As citações bíblicas são da Nova Versão Internacional (NVI), da Biblica, Inc., a menos que seja especificada uma outra versão da Bíblia Sagrada.

PRODUÇÃO EDITORIAL	Gisele Romão da Cruz
TRADUÇÃO	Maria Emília de Oliveira
PREPARAÇÃO	Bruna Gomes
REVISÃO	Josemar de Souza Pinto
ADAPTAÇÃO DE CAPA	Rafael Brum
DIAGRAMAÇÃO	Patrícia Lino

Dados Internacionais de Catalogação na Publicação (CIP)
(BENITEZ Catalogação Ass. Editorial, MS, Brasil)

J52q
1. ed. Jenkins, Amanda
Bem-aventurado os escolhidos : The Chosen, temporada 2 / Amanda Jenkins, Dallas Jenkins, Douglas S. Huffman ; tradução Maria Emilia de Oliveira. – 1.ed. – Rio de Janeiro : Thomas Nelson Brasil, 2025.

160 p.; 17 x 24 cm.

Título original: Blessed are the Chosen, season 2.

ISBN 978-65-5217-143-6

1.Bíblia – Estudos. 2. Teologia cristã. 3. The Chosen (Série de televisão). I. Jenkins, Dallas. II. Huffman, Douglas S. III. Oliveira, Maria Emilia de IV. Título.

01-2025/83 CDD-230

Índice para catálogo sistemático:
1. The Chosen : Série de televisão : Cristianismo 230

Bibliotecária responsável:
Aline Graziele Benitez – Bibliotecária - CRB-1/3129

Rua da Quitanda, 86, sala 601A - Centro,
Rio de Janeiro/RJ - CEP 20091-005 - Tel.: (21) 3175-1030
www.thomasnelson.com.br

Editora Quitanda
Rua Padre Guido Del Toro 27, Sala 02 - Chácara Inglesa,
São Paulo/SP - CEP 05142-120 - Tel (11) 99518-4548
www.editoraquitanda.com

SUMÁRIO

Introdução

O SERMÃO DO MONTE

Ao ver as multidões, Jesus subiu ao monte e sentou-se. Os seus discípulos aproximaram-se dele, e ele começou a ensiná-los, dizendo:

"Bem-aventurados os pobres de
espírito, pois deles é o reino dos céus.
Bem-aventurados os que choram, pois serão consolados.
Bem-aventurados os humildes, pois
receberão a terra por herança.
Bem-aventurados os que têm fome e
sede de justiça, pois serão satisfeitos.
Bem-aventurados os misericordiosos, pois obterão misericórdia.
Bem-aventurados os puros de coração, pois verão a Deus.
Bem-aventurados os pacificadores,
pois serão chamados filhos de Deus.
Bem-aventurados os perseguidos por causa
da justiça, pois deles é o reino dos céus."

— Bem-aventurados serão vocês quando, por minha causa, os insultarem, os perseguirem e, mentindo, disserem todo tipo de mal contra vocês. Alegrem-se e regozijem-se, porque grande é a sua recompensa nos céus, pois da mesma forma perseguiram os profetas que viveram antes de vocês.

Mateus 5:1-12

Bem-aventurado é tanto uma palavra comum quanto incomum. Os cristãos a usam em lugar da palavra "feliz" [no sentido de "abençoado"] para que ninguém pense que *acreditamos* que coisas boas acontecem por acaso. Também "abençoamos este alimento para o nosso corpo" antes de comer, preocupamo-nos com boas maneiras ao dizer "que Deus abençoe" para alguém que acabou de espirrar, abençoamos coisas das quais gostamos e deixamos de abençoar coisas das quais não gostamos, e acreditamos que nosso julgamento é sutil quando "abençoamos" o coração de alguém.

No entanto, em Mateus 5, Jesus usou **nove vezes** a palavra "bem-aventurado", o que levanta a pergunta: o que essa palavra significa realmente?

Embora a maioria das traduções de Mateus 5 use a palavra "bem-aventurado", algumas usam a palavra "feliz". E, de fato, a felicidade está incluída em alguns contextos do Novo Testamento (como em Mateus 24:46, Lucas 11:28 e Deuteronômio 28:1-14) —, mas não em todos. No Sermão do Monte, as afirmações "bem-aventurados" não são soluções milagrosas para a vida do tipo "faça isto e seja feliz"; não são expressões de expectativa condicional. Ao contrário, são declarações do que já é para aqueles que seguem Jesus. Talvez cada frase pudesse facilmente começar com "parabéns".

A palavra grega do primeiro século para *bem-aventurado* era *makários* (μακάριος) e é usada cinquenta vezes no Novo Testamento.

Expectativa condicional: coisas que temos de fazer a fim de receber algo em troca.

Parabéns aos pobres de espírito, pois deles é o reino dos céus.
Parabéns aos que choram, pois serão consolados.
Parabéns aos humildes, pois receberão a terra por herança.
E assim por diante, porque o favor de Deus está sobre você.

Agora estamos chegando a algum lugar porque, como veremos nas próximas páginas, o favor de Deus é melhor que felicidade, contrário à cultura do "busque a felicidade a qualquer custo" na qual vivemos. Felicidade, por definição, é condicional, o que significa que ela é também temporária e quase sempre fugaz. Ao contrário, as bênçãos das quais Jesus falou — isto é, as bem-aventuranças — apontam para um tipo mais abrangente e significativo de florescimento humano. Não no sentido material como aqueles que parecem "ter tudo", mas no sentido de afirmação de fé, paz permanente e futuro garantido que nossa alma realmente deseja.

Bem-aventuranças: as bênçãos relacionadas por Jesus no Sermão do Monte.

Então, quem recebe o favor de Deus? Bom, somente aqueles que seguem Jesus.

Em nosso estudo bíblico da temporada 1, intitulado "O que significa ser escolhido?", concentramo-nos em Isaías 43, a previsão do Antigo Testamento sobre a vinda do Messias e o que a chegada de Jesus significou, e ainda significa, para os seus seguidores. Analisamos especificamente o que significa ser chamado e salvo por Jesus, descansar em sua presença, ser amado e protegido, mudar o rumo a fim de seguir o caminho traçado por ele, ser testemunha de seu reino, ser purificado do pecado e feito nova criação, ser firmado sobre base sólida e ser carregado ao longo do caminho.

Trocadilho não intencional... mas não excluído.

É exatamente sobre ser carregado que nosso estudo bíblico inicia.

Assim como a temporada 2 de *The Chosen* apresenta uma descrição detalhada sobre o modo de viver, o modo de ser e o modo de ensinar de Jesus, o Sermão do Monte faz o mesmo. Em cada palavra proferida naquele dia, vemos o caráter, o poder e as promessas daquele que nos carrega. Tão logo passamos a pertencer a

Para os *nerds* da Bíblia (como nós) que querem saber

Dois dos quatro Evangelhos do Novo Testamento contêm resumos do Sermão do Monte: o Evangelho de Mateus e o Evangelho de Lucas. Mateus apresenta o resumo mais longo (três capítulos totalizando 111 versículos em Mateus 5—7) e Lucas, o resumo mais curto (33 versículos em Lucas 6:17-49). Embora façamos referências ocasionais ao relato de Lucas (quatro afirmações de "bem-aventurados" em Lucas 6:20-23 e quatro "ais" correspondentes em Lucas 6:24-26), este estudo se concentrará principalmente na lista mais extensa das nove "bem-aventuranças" de Mateus.

A propósito, alguém se surpreendeu com o fato de que o relato de Mateus do sermão é o mais longo de todos?

Ah, nem nós.

ele, não recebemos apenas uma nova identidade; somos conduzidos a uma nova realidade. Uma realidade segura, iminente e permanente. E então:

> Temos esperança, sejam quais forem nossas circunstâncias.
> Temos segurança, riqueza e recursos, sejam quais forem nossas circunstâncias.
> Somos abençoados, sejam quais forem nossas circunstâncias, porque o favor de Deus está sobre nós.

Dito isso, essa nova realidade não é vista automaticamente nem compreendida por olhos espiritualmente destreinados. E o fato de entendermos o favor de Deus — aceitá-lo, apesar de saber que somos pecadores, priorizá-lo e permitir que ele mude fundamentalmente o nosso modo de ver e viver neste mundo — traz consigo alguns problemas intrínsecos.

Problema nº 1: O que é importante para nós

> "Portanto, se vocês, apesar de serem maus, sabem dar boas coisas aos seus filhos, quanto mais o seu Pai, que está nos céus, dará coisas boas aos que lhe pedirem!"
> Mateus 7:11

O segredo para experimentar todas as "bem-aventuranças" é valorizar mais o favor de Deus do que valorizar as coisas terrenas. Isso não quer dizer que as coisas terrenas não sejam importantes ou que não sejam dádivas de Deus. Evidentemente Deus concede boas dádivas aos seus filhos, que incluem coisas terrenas, e devemos ser gratos a ele. Devemos cuidar de nossos relacionamentos, saúde e finanças. Mas não devemos nos apegar excessivamente a isso, reconhecendo que Deus, sua presença e nosso futuro lar com ele no céu são as **únicas** coisas de que nosso coração necessita realmente.

No entanto, o desapego das coisas terrenas não é fácil.

Problema nº 2: Obras *vs.* graça

Mesmo depois de ser salvos pela graça, muitos de nós voltamos à nossa tendência errônea baseada em obras, o que indica a propensão de considerar as bem-aventuranças como coisas que devemos fazer com a finalidade de garantir as bênçãos de Deus. *Eu não recebi gratuitamente o perdão de Deus e a vida eterna por meio da graça, mas, espero que, com meu bom comportamento e minha força espiritual, eu receba mais do seu favor no decorrer da vida.*

Pois pela graça vocês são salvos, por meio da fé, e isto não vem de vocês, é dom de Deus; não por obras, para que ninguém se glorie.
Efésios 2:8-9

Que ridículo!

A verdade é esta: quando cremos que Jesus é quem ele disse ser e entregamos nossa vida a ele, **as bênçãos passam a ser nossas porque são dele.** Pela sua graça, ele oferece sua vida a nós com tudo o que ela inclui. As bênçãos já são nossas.

É muito difícil, contudo, compreender uma bênção tão extraordinária, oferecida gratuitamente.

Problema nº 3: Ser bem-aventurado não é fácil

As bem-aventuranças nos apresentam um desafio, mas não o desafio de trabalharmos mais a fim de receber mais bênçãos de Deus. Nem devemos ouvir o sermão de Jesus e reagir queimando nossa casa para nos empobrecer ou provocar os não cristãos a bater em nós a fim de sermos perseguidos.

"Eu disse isso para que em mim vocês tenham paz. Neste mundo, vocês terão aflições; contudo, tenham coragem! Eu venci o mundo."
João 16:33

Que bobagem!

Ao contrário, o desafio é reconhecer o favor de Deus em nossa vida, *apesar de nossas circunstâncias difíceis*, porque receber o seu favor não significa que nossa vida será fácil. É claro que Deus não resolve todos os nossos problemas, caso contrário Jesus não teria dito: "Bem-aventurados os que choram." Na verdade, ainda há doenças e morte, sofrimento e luta, perseguição e pobreza. Deus nem sempre muda nossas circunstâncias terrenas, e foi por isso que Jesus dedicou tempo para iluminar o quadro maior: Deus está conosco em todas as circunstâncias, *e isso muda todas as circunstâncias*. Ele sofre pacientemente conosco. Ele nos consola durante períodos de confusão. Ele nos lembra de nosso futuro com ele no céu e promete que lá não haverá mais lágrimas.

No entanto, ver além de nossas circunstâncias difíceis é muito, **muito** difícil.

O ponto intermediário

João 11:1-44

A história de Maria, Marta e Lázaro, irmão delas, tem um enorme significado, não apenas porque Jesus ressuscitou um homem. Lázaro estava gravemente enfermo, e suas irmãs enviaram uma mensagem a Jesus — que decidiu *não* chegar a tempo de curar seu amigo. Quando Jesus chegou, fazia quatro dias que Lázaro morrera. A comunidade, junto com Marta e Maria, estava arrasada e sofrendo muito, mas Jesus ordenou que reabrissem o sepulcro e ordenou que Lázaro saísse.

E Lázaro saiu.

> [...] Jesus olhou para cima e disse: — Pai, eu te agradeço porque me ouviste. Eu sei que sempre me ouves, mas disse isso por causa do povo que está aqui, para que eles creiam que tu me enviaste.
>
> Depois de dizer isso, Jesus bradou em alta voz:
>
> — Lázaro venha para fora! Aquele que havia morrido saiu com as mãos e os pés envolvidos em faixas de linho e o rosto envolto em um pano. Jesus lhe disse: — Tirem as faixas dele e deixem-no ir.
>
> João 11:41-44

Jesus respondeu: — Eu sou o caminho, a verdade e a vida. Ninguém vem ao Pai, a não ser por mim.
João 14:6

A lição óbvia é que Jesus tem poder sobre a vida e a morte. Ele *é* vida e dá vida — fisicamente, no caso de Lázaro, e espiritualmente também. Quando nos entregamos a Jesus, "nascemos de novo"; nossos pecados são perdoados e esquecidos; somos feitos nova criação. Há, porém, um segundo aspecto extraordinário nessa história famosa, porque, antes de ressuscitar Lázaro, Jesus chorou.

Quando Maria chegou ao lugar onde Jesus estava
e o viu, prostrou-se aos seus pés e disse:
— Senhor, se estivesses aqui, o meu irmão não teria morrido.
Quando Jesus viu que Maria chorava, bem como os judeus
que a acompanhavam, ficou profundamente comovido e
perturbou-se. — Onde o colocaram? — perguntou ele.
— Vem e vê, Senhor — responderam. Jesus chorou.
João 11:32-35

Jesus não chorou por Lázaro. Ele sabia que seu amigo estava prestes a sair do sepulcro e que muitas pessoas glorificariam a Deus em razão disso. As circunstâncias eram, de fato, parte de um plano divino para provar às pessoas ali presentes que Jesus era, na verdade, o Messias que elas aguardavam.

Messias: o prometido libertador da nação judaica (ou "Salvador") profetizado na Bíblia hebraica ou Antigo Testamento.

O que significa que Jesus chorou porque as pessoas que ele amava estavam chorando.

Ao contrário de Jesus, Marta e Maria não sabiam que seu irmão ressuscitaria. Elas estavam no *ponto intermediário*, aquela parte da história na qual (1) conheciam e amavam Jesus, mas (2) suas circunstâncias continuavam a ser esmagadoras. Além da perda de uma pessoa amada, elas haviam perdido seu provedor e protetor. Nos tempos antigos, as mulheres dependiam inteiramente dos homens que faziam parte de sua vida (dos pais ou maridos ou, na ausência destes, dos irmãos) para ter um teto onde pudessem se abrigar. Isso significava que aquelas mulheres não estavam apenas devastadas pela perda; estavam também com medo.

Para piorar seu sofrimento, o Messias, *que era também amigo delas*, não veio socorrê-las. Pelo menos, não da maneira que elas lhe haviam pedido, e talvez tenha sido esse o motivo pelo qual Maria não foi imediatamente ao encontro de Jesus quando ele chegou, mas permaneceu em casa. Quando falou com ele, ela o censurou: "Senhor, se estivesses aqui, o meu irmão não teria morrido." (v. 32.)

Foi, de fato, o sofrimento de Maria que entristeceu Jesus — porque ele estava no ponto intermediário com ela. Naquele espaço entre chamar Jesus de "Senhor" pela primeira vez e ser liberta do mundo arruinado e brutal em que vivemos. Naquele espaço em que, mesmo depositando nossa fé em Jesus, a angústia, a preocupação e a confissão ainda se agitam. Naquele espaço em que o caminho adiante é às vezes incerto e as circunstâncias podem nos fazer perder de vista a verdade — e foi exatamente por isso que Jesus dedicou tempo para nos ensinar o que é verdadeiro, seja qual for a aparência do que está acontecendo.

Jesus não ficou bravo com Maria por ela estar angustiada com sofrimento, medo e raiva. Ele sabia que ela se encontrava no ponto intermediário, presa em circunstâncias difíceis diante de um futuro desconhecido.

> Bem-aventurados os pobres de espírito.
> Bem-aventurados os que choram.
> Bem-aventurados os humildes.
> Bem-aventurados os que têm fome e sede de justiça.
> Bem-aventurados os misericordiosos.
> Bem-aventurados os puros de coração.
> Bem-aventurados os pacificadores.
> Bem-aventurados os perseguidos por causa da justiça.

No Sermão do Monte, Jesus descreve nossa nova realidade — nossa verdadeira realidade, sem levar em conta as nossas circunstâncias. Descreve coisas que nem sempre podemos ver, mas que, de qualquer forma, permanecem verdadeiras; um reino invisível aos não salvos ou aos olhos destreinados espiritualmente, mas que, quando colocado em foco, fornece uma esperança que supera as dificuldades. Em seu sermão, Jesus descreve a verdade sobre o que é importante: quem somos quando pertencemos a ele, o que temos quando pertencemos a ele, aonde estamos indo porque pertencemos a ele e o que significa ser bem-aventurado no ponto intermediário e até a eternidade.

O que significa que as congratulações são apropriadas.

O favor de Deus está sobre você.

João, filho de Zebedeu

(também conhecido como o discípulo amado)

Reconhecido como "o discípulo a quem Jesus amava" (João 13:23; 19:26; 20:2; 21:7,20), o apóstolo João, filho de Zebedeu, é autor de cinco livros do Novo Testamento (o Evangelho de João, as cartas 1—3 de João e Apocalipse), totalizando cerca de 21% do Novo Testamento. João foi o único apóstolo cuja presença é mencionada na crucificação de Jesus, ocasião em que Jesus o designou para cuidar de Maria, sua mãe (João 19:25-27). A tradição da igreja diz que João foi líder da igreja em Éfeso na metade do primeiro século. Após seu exílio na ilha vizinha de Patmos, onde ele teve as visões descritas no livro de Apocalipse, João retornou a Éfeso. Provavelmente o apóstolo mais jovem de Jesus, João é considerado o único que morreu de velhice, não como mártir (no período entre 98 e 106 d.C.).

Tiago, filho de Zebedeu

(também conhecido como Tiago, o maior)

Jesus apelidou Tiago e seu irmão João de "filhos do trovão" (Marcos 3:17), talvez pela resposta agressiva à oposição (Marcos 9:38; Lucas 9:54). Ou talvez por causa de Zebedeu, pai deles, que era um homem "trovejante". Ou talvez pelos dois motivos, uma vez que as maçãs tendem a cair perto da macieira. Seja como for, Tiago fazia parte do círculo íntimo dos amigos de Jesus, que incluía Pedro, Tiago e João. De acordo com Atos 12:1-3, Tiago foi o primeiro apóstolo a morrer como mártir por causa do evangelho, sendo condenado à morte por espada por ordem de Herodes Agripa (41 d.C.) antes que a perseguição dispersasse os apóstolos de Jerusalém (Atos 8:1; 11:19).

Primeira lição

OS POBRES DE ESPÍRITO
e os filhos do trovão

"Bem-aventurados os pobres de espírito, pois deles é o reino dos céus."

Mateus 5:3

COMERCIANTE SAMARITANO: Vocês, judeus, estão muito longe de casa.

JESUS: Sim, de fato estamos. Shalom para vocês também.

COMERCIANTE SAMARITANO: Esta é a nossa saudação judaica tradicional para vocês...

(Os comerciantes atiram pedras na direção de Jesus, mas erram. João e Tiagão ficam chocados, mas processam rapidamente o que viram. Antes que os irmãos deem um pulo à frente, Jesus os detém com o braço, como se fosse um portão.)

JESUS: Não levantem um dedo sequer.

COMERCIANTE SAMARITANO: Este foi um aviso.

TIAGÃO: Tente de novo e você vai ver o que acontece!

JESUS: Quieto, Tiagão.

COMERCIANTE SAMARITANO: Shalom para você também.

(Os homens da caravana cospem em João ao passar por ele.)

JOÃO: Seus cães imundos!

JESUS: Eu disse quieto!

(Os irmãos praticamente tremem de raiva. Depois que a caravana vai embora, João gira o corpo, fica de costas para os comerciantes com o rosto perto do rosto de Jesus.)

JOÃO *(praticamente sibilando)*: Precisamos fazer alguma coisa.

JESUS: E o que você vai ganhar com isso?

JOÃO: Defender a sua honra.

TIAGÃO: Eles insultaram e humilharam o senhor.

JOÃO: Eles merecem ser incinerados com fogo do céu!

TIAGÃO: Sim, com fogo do céu!

JESUS: Fogo?

JOÃO: O senhor disse que poderíamos fazer coisas assim. Diga uma palavra, e isso vai acontecer.

(Jesus olha firme para eles.)

TIAGÃO: Por que não? Nós sabíamos que não podíamos confiar nessa gente. Para começar, não devíamos ter vindo aqui. Eles não merecem o senhor.

(Os olhos de João tentam fitar com firmeza os olhos de seu Mestre.)

JESUS: Por que acham que eu mandei vocês trabalharem no campo de Meleque? O que eu estava tentando ensinar a vocês?

TIAGÃO: Ajudar?

JESUS: Acha que foi apenas para ser mais útil ou para vocês serem melhores agricultores? Foi para lhes mostrar que o que estamos fazendo aqui vai durar por gerações. O que disse a Fotina no poço e o que ela disse a muitas outras pessoas... é plantando sementes que vocês terão um impacto duradouro. Vocês não conseguem ver o que está acontecendo aqui? Essas pessoas que vocês tanto odeiam estão acreditando em mim sem nem verem milagres... é a mensagem, a verdade que estamos transmitindo a elas. E vocês vão atrapalhar tudo só porque algumas pessoas da região das quais vocês não gostam foram grosseiras com vocês? Elas não são dignas? Vocês acham que são muito melhores, mais dignos?

JESUS *(continuando)*: Bom, vou lhe dizer uma coisa: vocês não são! Essa é a questão. É por isso que estou aqui.

Trocar por algo melhor

Pouco antes de relatar o SDM, Mateus comentou sobre a prisão de João Batista e disse: "A partir desse dia, Jesus começou a pregar: — Arrependam-se, pois o reino dos céus está próximo." (Mateus 4:17). Isso significa que os seguidores de Jesus (embora de forma lenta e imperfeita deste lado da eternidade) estavam começando a ter um modo de vida condizente com o do seu reino. Estavam trocando seu antigo jeito de ver, de pensar e de se comportar por um novo, semelhante ao que Jesus descreveu em Mateus 11:28-29 quando disse: "Venham a mim todos os que estão cansados e sobrecarregados, e eu darei descanso a vocês. Tomem sobre vocês o meu jugo e aprendam de mim, porque sou manso e humilde de coração, e vocês encontrarão descanso para a alma."

SDM = Sermão do Monte... porque já estamos cansados de digitar essas três palavras.

Na verdade, o mundo tem uma forma de nos sobrecarregar, às vezes além do que podemos suportar. Jesus reconheceu nosso sofrimento e luta, convidando-nos a levar tudo a ele: trocar nossos fardos por seu descanso, nossas necessidades e fraquezas por seu cuidado amoroso e força ilimitada, nosso caos e confusão por sua paz, nossa vida despedaçada por sua integralidade.

Ele nos convida a fazer uma troca. Uma troca por algo melhor.

O mesmo se aplica ao que foi dito no SDM. Jesus dedicou tempo para descrever as bênçãos que recebemos quando entregamos nossa vida a ele — e não é apenas ir para o céu. É a bênção de ter uma vida plena aqui e agora, porque pertencemos a ele e ele está conosco, nos carregando e nos consolando, nos equipando e nos satisfazendo, proporcionando e prometendo a nós um reino no qual somos herdeiros da própria criação! A vida que nosso Criador e Rei oferece, e oferece gratuitamente, aos que o seguem, é muito melhor do que a que o mundo oferece ou é capaz de oferecer. Para isso, basta ver e aceitar nossa nova realidade como filhos e filhas do Altíssimo.

No entanto, é muito comum pensar e nos comportar como os filhos do trovão.

Estes são os Doze que [Jesus] escolheu: Simão, a quem deu o nome de Pedro; Tiago, filho de Zebedeu, e João, o seu irmão, aos quais deu o nome de Boanerges, que significa "filhos do trovão". Marcos 3:16-17

Sua vez

1. Que fardos você está tentando carregar usando sua sabedoria e força?

Você só pode estar de brincadeira!

[Jesus] enviou mensageiros à sua frente,
que entraram em um povoado samaritano
para lhe fazer os preparativos, mas o povo
dali não o recebeu porque ele se dirigia para
Jerusalém. Ao verem isso, os discípulos Tiago
e João perguntaram: — Senhor, queres que
façamos cair fogo do céu para destruí-los?
Lucas 9:52-54

Samaritano: natural de Samaria.

Na época de Jesus, os judeus desprezavam os samaritanos como se fossem descendentes contaminados dos israelitas que se casaram com estrangeiros pagãos (Lucas 9:51-56; 10:25-37; 17:11-19). Portanto, os samaritanos criaram um centro religioso de adoração no monte Gerizim, sua própria versão das Escrituras do Antigo Testamento e suas crenças particulares.

Aqui há um tom sarcástico, porque a estupidez e a imbecilidade do racismo não são nenhuma novidade.

Tiago e João passaram muito tempo com Jesus. Sentiram na pele seu perdão, paciência e graça. Viram-no acolher todos os tipos de pessoas, com todos os tipos de problemas — até os samaritanos —, sem nenhuma restrição. Viram-no curar endemoninhados e fisicamente oprimidos. Viram-no dar a outra face quando foi ridicularizado ou rejeitado, oferecendo-se inteiramente para servir, buscar e salvar. No entanto, depois disso tudo, os irmãos acharam que Jesus aprovaria seu plano de assassinato.

Ah, a ironia dos gêmeos do trovão pedindo castigo severo aos outros quando eles próprios estavam recebendo um favor imerecido! Mas é assim que os seres humanos tendem a fazer. Reconhecemos que necessitamos desesperadamente de Jesus, mas nos esquecemos disso quando o conhecemos. Comparamo-nos com aqueles que consideramos piores, julgando o coração e a mente dos outros como se tivéssemos tal direito e, ao mesmo tempo, deixamos de oferecer o próprio amor e misericórdia que nos foram mostrados repetidas vezes pelo próprio Deus.

Tiago e João não eram gêmeos, mas me parece divertido chamá-los dessa maneira.

Mas bem-aventurados os pobres de espírito.

Graça: coisas boas que Deus dá que não merecemos receber.

Ser pobre de espírito não tem relação com dinheiro — embora ser financeiramente pobre facilite às vezes ser pobre de espírito. A *privação*, seja de que tipo for, tem uma forma de amolecer nosso coração e expor nossa verdadeira necessidade. Por outro lado, a riqueza às vezes dificulta um pouco mais ser pobre de espírito, porque alimenta a autossuficiência e até o orgulho, que são inimigos da postura humilde exigida para ser "pobre de espírito". Na verdade, a palavra "pobre", como aparece em alguns lugares na Bíblia, era normalmente usada para pessoas muito fracas, tão desfavorecidas e angustiadas que necessitavam de intervenção externa — o que não está muito longe do modo com que às vezes usamos hoje a palavra. Por exemplo, quando vemos a notícia de um acidente horrível no qual um homem foi atirado para fora de seu carro e levado às pressas ao hospital, costumamos dizer: "Pobre homem." É claro que não estamos nos referindo à sua conta bancária. Estamos nos referindo à sua necessidade desesperada de intervenção e ajuda.

Mas ai de vocês os ricos, pois já receberam a sua consolação.
Lucas 6:24

No SDM, os "pobres" a que Jesus se refere são os que estão prontos e dispostos a recorrer a Deus em busca de ajuda. Porque, quando reconhecemos nossa falência espiritual — nossa necessidade desesperada de ser salvos do pecado e de todas as suas consequências —, nos sentimos verdadeiramente humildes rápido demais. E, se formos espertos, permaneceremos humildes. Ser pobre de espírito significa ajoelhar-se, agora e para sempre. Significa viver em submissão ao nosso Salvador, confiando nele para receber a ajuda que possivelmente não podemos proporcionar a nós mesmos.

Certamente, os samaritanos que ofenderam Tiago e João eram pecadores, e seu preconceito em relação aos judeus fechou-lhes os ouvidos e o coração para quem Jesus realmente era. Mas a rejeição deles a Jesus fez os discípulos rejeitarem a autoridade de Jesus — pelo menos naquele momento. Porque invocar fogo do céu para destruir um povoado inteiro é o *oposto* do que Jesus estava ensinando aos seus seguidores. Eles desviaram os olhos de seu líder e olharam firmemente para suas circunstâncias, o que fez a autossuficiência hipócrita deles mostrar sua carranca.

Por outro lado, quando estamos com o corpo curvado, é Jesus quem levanta nossa cabeça. E é Jesus quem nos guia. Significa que os pobres de espírito não têm tempo nem inclinação para julgar os outros, porque estão muito ocupados (1) batalhando com seu próprio pecado contínuo, (2) experimentando constantemente a graça que os salvou e (3) fixando o olhar em Jesus e em seu reino.

Um reino que, por sinal, já está aqui.

Sua vez

2. De que maneiras você se parece com os filhos do trovão?

3. Qual é a privação que você está enfrentando em sua vida e que necessidade maior ela está tentando expor?

4. Leia Isaías 66:1-2 e sublinhe o que Deus diz a respeito dos pobres de espírito.

Assim diz o Senhor: "O céu é o meu trono, e a terra, o estrado dos meus pés. Que espécie de casa vocês edificarão para mim? Onde seria o meu lugar de descanso? Não foram as minhas mãos que fizeram todas essas coisas e, por isso, vieram a existir?", declara o Senhor. "Mas a este eu estimo: ao humilde e contrito de espírito, que treme diante da minha palavra."

Contrito: que sente ou expressa remorso ou arrependimento.

O trigo e o joio

Jesus lhes contou outra parábola, dizendo:

— O reino dos céus é como um homem que semeou boa semente no seu campo. Mas, enquanto todos dormiam, veio o seu inimigo e semeou o joio no meio do trigo e se foi. Quando o trigo brotou e formou espigas, o joio também apareceu.

— Os servos do dono do campo dirigiram-se a ele e disseram: "O senhor não semeou boa semente no seu campo? Então, de onde veio o joio?"

— "Um inimigo fez isso" — respondeu ele. — Os servos lhe perguntaram: "O senhor quer que o arranquemos?"

— Ele respondeu: "Não, porque, ao arrancar o joio, vocês poderiam arrancar com ele o trigo. Deixem que cresçam juntos até a colheita. Então, direi aos encarregados da colheita: 'Juntem primeiro o joio e amarrem-no em feixes para ser queimado; depois, juntem o trigo e guardem-no no meu celeiro.'"

Mateus 13:24-30

Para os *nerds* da Bíblia (como nós) que querem saber

A primeira bem-aventurança (Mateus 5:3) e a última bem-aventurança (Mateus 5:10) encerram com as palavras "deles é o reino dos céus", o que significa que há uma promessa importante para os bem-aventurados. Mas o que isso significa exatamente?

Bom, para os judeus do primeiro século que ouviram o SDM, o "reino dos céus" (também conhecido como "reino de Deus") não significava simplesmente ir para o céu quando morremos. Ser incluído em um reino qualquer significava ser governado por um rei e desfrutar dos benefícios (e opressão) daquele rei.

Os que ouviram o sermão de Jesus estavam sofrendo sob o governo romano, tendo César como rei, e eles ansiavam ser resgatados de seu governo injusto. E o "reino dos céus" era sua esperança longamente aguardada, uma sociedade instituída por Deus na qual o Messias seria o Rei, governando com amor e justiça o seu povo escolhido em uma terra de paz e realizações.

É importante notar que essas bem-aventuranças específicas são mencionadas no tempo verbal presente, não no tempo verbal futuro: "deles É o reino dos céus." Não SERÁ. O que significa que os judeus talvez estivessem errados a respeito dos detalhes, mas não errados em acreditar que o reino já está aqui.

É estranho que a parábola de Jesus sobre o homem que plantou boas sementes em um campo, e seu inimigo que plantou sementes ruins no mesmo campo, descreve de alguma forma o reino dos céus. Mas também o descreve totalmente. Porque estamos vivendo na época de plantar e colher — a parte da história na qual Deus está chamando seu povo de todas as tribos, línguas e nações para edificar seu reino celestial. Aqueles que se ajoelham diante do Rei pertencem a esse reino, e o reino pertence a eles. São as boas sementes que brotam e se espalham no meio de, *e apesar de*, um mundo agonizante repleto de joio.

Jesus ensinou aos seus discípulos sobre um novo modo de viver — um reino celestial que começa na terra. Ele não estava simplesmente ensinando como fazer boas escolhas, embora tenhamos o dever de obedecer à Palavra de Deus e tentar ser mais semelhantes a Jesus. Mas temos também o dever de NÃO orar de maneira alguma para que caia fogo do céu sobre a cabeça das pessoas. Embora nossas escolhas sejam importantes, elas *não* são o foco das bem-aventuranças no SDM. Ao contrário, Jesus queria que seus seguidores vissem e entendessem sua **nova realidade** e que a vida aqui não é tudo o que existe. Jesus veio se oferecer e oferecer tudo o que pertence a ele, o que inclui fazer parte de seu reino. Quando aceitamos Jesus, pertencemos ao reino, apesar de ainda vivermos aqui.

> Pois os nossos sofrimentos leves e momentâneos produzem para nós uma glória eterna que pesa mais do que todos eles. Assim, fixamos os olhos não naquilo que se vê, mas no que não se vê, pois o que se vê é transitório, mas o que não se vê é eterno.
> 2Coríntios 4:17-18

O fato de conhecermos isso deve mudar tudo. Estamos aqui, mas só por enquanto. Nossas circunstâncias são difíceis, mas só por enquanto. Nosso pesar e sofrimento são verdadeiros, mas só por enquanto. O pecado, a doença e a discórdia fazem parte de nossa vida, mas só por enquanto.

E o que também faz parte de nossa vida agora?

Acesso ao Rei. Temos a certeza de que podemos nos aproximar do Deus do universo.

Bendito seja o Deus e Pai do nosso Senhor Jesus Cristo, que nos abençoou com todas as bênçãos espirituais nas regiões celestiais em Cristo. Porque Deus nos escolheu nele antes da criação do mundo, para sermos santos e sem culpa diante dele. Em amor nos predestinou para sermos adotados como filhos [e filhas], por meio de Jesus Cristo, conforme o bom propósito da sua vontade, para o louvor da sua gloriosa graça, a qual nos deu graciosamente por meio do Amado.

Efésios 1:3-6

Portanto, irmãos, temos plena confiança para entrar no Lugar Santíssimo pelo sangue de Jesus, por um novo e vivo caminho que ele nos abriu por meio do véu, isto é, do seu corpo. Também temos um grande sacerdote sobre a casa de Deus. Assim, aproximemo-nos de Deus com um coração sincero e com plena convicção de fé, porque o nosso coração foi purificado de uma consciência má e o nosso corpo lavado com água pura.

Hebreus 10:19-22

O sumo sacerdote tinha de atravessar uma cortina para entrar no Santo dos Santos no templo — o lugar onde a presença de Deus habitava. Quando Cristo morreu na cruz, a cortina rasgou-se ao meio, abrindo-se e oferecendo a presença de Deus a todos nós.

Acesso ao poder do Rei.
Não somos deixados sem nenhum poder no mundo de hoje.

Pois o reino de Deus não consiste em palavras, mas em poder.
1Coríntios 4:20

Pois Deus não nos deu um espírito de covardia, mas de poder, de amor e de domínio próprio.
2Timóteo 1:7

O seu divino poder nos deu tudo de que necessitamos para a vida e a piedade, por meio do conhecimento daquele que nos chamou para a sua própria glória e virtude.
2Pedro 1:3

A atenção do Rei.
Nossas necessidades são levadas perante o Pai pelo próprio Jesus.

Quem os condenará? Foi Cristo Jesus que morreu; e mais, que ressuscitou. Ele está à direita de Deus e também intercede por nós. Quem nos separará do amor de Cristo? Será tribulação, ou angústia, ou perseguição, ou fome, ou nudez, ou perigo, ou espada? [...] Mas em todas essas coisas somos mais que vencedores por meio daquele que nos amou. Pois estou convencido de que nem a morte, nem a vida, nem os anjos, nem os demônios, nem o presente, nem o futuro, nem poderes, nem altura, nem profundidade, nem ninguém em toda a criação será capaz de nos separar do amor de Deus que está em Cristo Jesus, o nosso Senhor.

Romanos 8:34-39

Portanto, [Jesus] é capaz de salvar definitivamente aqueles que, por meio dele, se aproximam de Deus, pois vive para sempre para interceder por eles.

Hebreus 7:25

A presença do Rei.
Deus está conosco o tempo todo.
Em todas as coisas.

— E eu pedirei ao Pai, e ele dará a vocês outro Conselheiro, que esteja com vocês para sempre: o Espírito da verdade. O mundo não pode recebê-lo, porque não o vê nem o conhece. Vocês, porém, o conhecem, pois ele vive com vocês e estará em vocês.

João 14:16-17

— Contudo, o Conselheiro, o Espírito Santo, que o Pai enviará em meu nome, ensinará a vocês todas as coisas e fará que se lembrem de tudo o que eu disse.

João 14:26

Tendo sido, pois, justificados pela fé, temos paz com Deus, pelo nosso Senhor Jesus Cristo, por meio de quem obtivemos acesso pela fé a esta graça na qual estamos firmes. Assim, nos gloriamos na esperança da glória de Deus. Não só isso, mas também nos gloriamos nas tribulações, porque sabemos que a tribulação produz perseverança; a perseverança, um caráter aprovado; o caráter aprovado, esperança. Essa esperança não nos decepciona, porque **o amor de Deus foi derramado no nosso coração por meio do Espírito Santo, que ele nos deu.**

Romanos 5:1-5

Sua vez

5. Com base nos versículos anteriores, descreva o favor de Deus para com os pobres de espírito.

6. Na parábola do joio, Jesus ilustrou a coexistência de seu reino e o mundo pecaminoso em que vivemos. Como você está sentindo essa tensão em sua vida?

7. As boas escolhas são benéficas e originam-se de nosso amor e devoção a Jesus. Mas elas não determinam a nossa dose diária do favor de Deus — que é nosso porque Jesus o garantiu, o que significa que não o recebemos antes ou depois de pertencermos ao reino. Como essa informação pode impactar algumas tendências de "filhos do trovão" que você possa ter?

8. Leia Apocalipse 21:1-4 e descreva a plenitude do reino que está por vir.

FAZENDA DE MELEQUE (À NOITE)

(A noite chegou, e Jesus e seus discípulos estão sentados em volta da fogueira de seu novo amigo, terminando a refeição. Chedva, esposa de Meleque, e Rebeca, sua filha, estão sentadas ao lado dele.)

SIMÃO *(rindo)*: O barco quase virou... então a rede se esticou tanto que pensei que meus braços iam sair das articulações.

ANDRÉ: E Tiago e João demoraram muito para nos ajudar.

(André vira-se para João e Tiagão com um sorriso. Os irmãos, retraídos e incomodados, não retribuem o gesto.)

SIMÃO: Tive de pedir ajuda cinco vezes antes de vocês se mexerem.

MELEQUE: E então vocês seguiram Jesus. O caminho inteiro até Samaria.

MATEUS: Sugerimos uma rota alternativa ao longo do Jordão.

MELEQUE: Você não achou que poderia ser... perigoso? Para vocês?

(Chedva lança um olhar de censura a Meleque. Jesus olha firme para Meleque.)

JESUS: Claro.

(Chedva limpa a garganta.)

CHEDVA: Quando eu era menina, meu pai me disse que o Messias acabaria com a dor e o sofrimento. Se o senhor é quem o povo diz ser, quando vai fazer isso?

(Os rostos dos discípulos brilham à luz do fogo. Eles também estão interessados na resposta.)

JESUS: Estou aqui para pregar as boas-novas do reino dos céus, um reino que não é deste mundo, um reino que virá em breve, onde, sim, a tristeza e o lamento irão embora. Eu abro um caminho para as pessoas terem acesso a esse reino. Neste mundo, os ossos continuarão a ser quebrados, os corações continuarão a ser partidos, mas, no final, a luz vencerá as trevas.

Foco da oração

Converse com Deus sobre sua pobreza espiritual e incapacidade de conquistar seu favor. Agradeça-lhe por ter ido buscar você e por escolher você para seguir Jesus e desfrutar de seu reino. Peça a ele que lhe dê poder mediante o Espírito Santo para viver de acordo com os valores de seu reino, mesmo quando suas circunstâncias forem difíceis.

Modelo de oração

Amado Senhor,

Obrigado por estenderes o teu generoso e imerecido amor a mim. Perdoa-me por eu ter tentado conquistar o favor que me ofereceste gratuitamente em Jesus em vez de simplesmente reconhecer minha pobreza espiritual e dependência de ti. Ajuda-me a reconhecer isso, Senhor.

Obrigado por estenderes teu reino a mim. Mediante o Espírito Santo, ajuda-me a permitir que teu reino penetre em minha vida, hoje mesmo. Apesar de minhas atuais circunstâncias, ajuda-me a reconhecer minha felicidade em ti e todas as bênçãos que já me concedeste.

Amém.

Natanael (também conhecido como Bartolomeu)

Apesar de relutante a princípio, Natanael tornou-se seguidor de Jesus em razão do encorajamento persistente de Filipe para investigar a possibilidade de que Jesus poderia ser o Messias prometido (João 1:43-51). João citou claramente o nome de Natanael entre os apóstolos (João 21:2), embora o nome Natanael não apareça nos quatro Evangelhos; ao contrário, eles o chamam de "Bartolomeu" nas listas dos apóstolos (Mateus 10:1-4; Marcos 3:13-19; Lucas 6:12-16, Atos 1:13), e somos levados a concluir que aquele homem tinha dois nomes: Natanael Bartolomeu. Além do mais, nomes duplos eram comuns no primeiro século, até entre os doze apóstolos (por exemplo, Simão Pedro e Levi Mateus). Várias tradições dizem que Natanael Bartolomeu ministrou posteriormente na Turquia com Filipe (nenhuma surpresa), no Império Parta com André (hoje a região do Irã e do Afeganistão), no Egito com Pedro, e até em países distantes como a Índia. Uma variedade de tradições relata meios bem diferentes do martírio de Natanael: esfolado vivo, crucificado, surrado até a morte, decapitado ou afogado no mar (acredita-se que tenha ocorrido em 82 d.C.).

Filipe

O Evangelho de João relata que dois dos discípulos de João Batista se tornaram os primeiros seguidores de Jesus e mencionou claramente André, que em seguida recrutou seu irmão Simão Pedro (João 1:35-42). Da mesma forma que Pedro e André, Filipe era da cidade de Betsaida e é conhecido por recrutar Natanael (também conhecido como Bartolomeu) para seguir Jesus também (João 1:43-51). Assim, presume-se que Filipe foi o segundo discípulo de João Batista que seguiu Jesus. O nome de Filipe é mencionado várias vezes no Evangelho de João (6:5-7; 12:20-22; 14:6-10) e dizem que ministrou posteriormente na Turquia, na Tunísia e no norte da África. Foi martirizado por apedrejamento (54 d.C.).

Segunda lição

OS QUE CHORAM
e o Deus que vê

"Bem-aventurados os que choram, pois serão consolados."

Mateus 5:4

CESAREIA (DURANTE O DIA)

(Natanael entra em um bar em Cesareia, completamente abatido. Senta-se pesadamente em um banquinho e dirige-se ao atendente.)

NATANAEL: O mais forte. E o mais barato.

ATENDENTE: Algum problema, amigo?

NATANAEL: Sim.

ATENDENTE: Morreu alguém?

NATANAEL: Sim.

ATENDENTE: Sinto muito. Morreu de repente?

NATANAEL: Acho que... demorou muito para chegar, mas pareceu repentina.

ATENDENTE *(franze a testa)*: Hummm. Fale-me sobre ele.

NATANAEL: Era arquiteto. Durante a vida inteira, ele quis ser arquiteto.

ATENDENTE: Triste.

NATANAEL: Ele veio do nada. Trabalhou para subir na vida. Amava a Deus. Queria construir sinagogas um dia. Sei que isso não é muito comum aqui... uma sinagoga com colunas que cantam. Parapeitos que praticamente oram. Salões imponentes que elevam a alma a Deus. Foi para isso que Deus o fez. Ou assim ele pensava.

ATENDENTE *(sacudindo a cabeça)*: Ele parecia ser um sujeito ambicioso. Do que ele morreu?

NATANAEL: De arrogância.

(O atendente olha longamente para ele.)

NATANAEL *(continuando)*: A propósito, sou eu. Sou o homem morto da história.

ATENDENTE: Ah, sim, foi o que entendi.

NATANAEL: Eu só queria ser claro.

(MAIS TARDE NO MESMO DIA, NOS ARREDORES DE CESAREIA)

(Natanael vai a contragosto até uma zona rural. Senta-se embaixo de uma figueira, cheio de remorso. Olha ao redor. Não há ninguém por perto. Ele está sozinho. Tira desenhos de arquitetura da mochila e os analisa.)

NATANAEL:

Foi feito para o Senhor.

(Ele olha para o céu.)

Bendito sejas tu... bendito sejas tu, Senhor, nosso Deus, Rei do universo...

(Ele suspira, balança a cabeça, como que tentando dizer qualquer coisa que lhe venha à mente.) Ouve, Israel, o Senhor, o nosso Deus, o Senhor é o único Senhor.

(Ele bate uma pederneira contra uma rocha e ateia fogo nos desenhos. Quando os desenhos começam a queimar...)

Ouve a minha oração, ó Senhor; que o meu clamor chegue a ti... não escondas o teu rosto de mim no dia da minha angústia...

(Lágrimas começam a descer por seu rosto.)

Inclina o teu ouvido para mim; responde-me depressa no dia em que eu clamo...

(Olha para cima e faz uma pausa.)

Não? Isto foi feito para ti! Não escondas o teu rosto de mim! Tu me vês?

(Volta a sentar-se embaixo da árvore, abraçando os joelhos até encostarem no queixo enquanto vê seus sonhos serem queimados.)

NATANAEL *(continuando)*: O Senhor me vê?

Esperança adiada

Vamos ser sinceros... a felicidade é mais atraente que "consolação na tristeza". De fato, nossa tendência humana é supor que seguir Jesus = mais felicidade. Nem sempre estamos conscientes de que essa é a nossa expectativa espiritual, mas, quando as coisas dão errado e a tristeza se instala, recorremos rapidamente a Deus com perguntas como estas:

Como pudeste fazer tal coisa? Por quê? Não me vês? Não me amas?

A verdade é que a tristeza pode nos deixar completamente descontrolados. Sabemos que Deus tem o poder de curar, mas ele nem sempre cura. Pelo menos nem sempre deste lado da eternidade. Sabemos que ele tem poder para salvar nossa reputação, nosso emprego, nossos queridos, nossas esperanças, nossos sonhos — mas às vezes ele não faz isso. Sabemos que Deus tem poder para mudar, consertar, proteger e prover exatamente da maneira que queremos que ele faça, mas, quando ele não o faz, passamos a questionar seu amor por nós, e até seu caráter.

Mas "bem-aventurados os que choram".

Diante do sofrimento ou da morte, a consolação de Deus na tristeza parece um prêmio patético de consolação. Exceto para os que o recebem.

Sua vez

1. De que maneiras o sofrimento tem feito parte de sua vida? Como você reage a ele?

O bem e a tristeza

No dia seguinte, Jesus decidiu partir para a Galileia. Quando encontrou Filipe, disse-lhe: — Siga-me. Filipe, como André e Pedro, era da cidade de Betsaida. Filipe encontrou Natanael e lhe disse: — Achamos aquele sobre quem Moisés escreveu na lei e a respeito de quem os profetas também escreveram: Jesus de Nazaré, filho de José. Natanael perguntou: — Nazaré? Pode vir alguma coisa boa de lá? — Venha e veja — disse Filipe. Ao ver Natanael se aproximando, Jesus disse: — Aí está um verdadeiro israelita, em quem não há falsidade. Natanael perguntou: — De onde me conheces? Jesus respondeu: — Eu o vi quando você ainda estava debaixo da figueira, antes de Filipe chamá-lo.

João 1:43-48

Pois sabemos que toda a criação geme em conjunto como se sofresse dores de parto até agora. Agora, não somente isso, mas nós mesmos, que temos os primeiros frutos do Espírito, gememos interiormente, esperando ansiosamente a adoção como filhos, a redenção do nosso corpo.
Romanos 8:22-23

Não podemos evitar a tristeza. Se pudéssemos, não seríamos capazes de sentir plenamente o amor, o riso, a paz ou quaisquer outras coisas boas, porque a tristeza reflete nossa capacidade para as coisas boas. No fundo, **tristeza é o reconhecimento da alma de que o mundo não foi criado por Deus para ser assim.** A perda, a devastação e a morte são, na verdade, a antítese do que ele criou. E, como nós, Deus sofre — não só porque nosso pecado destruiu seu belo mundo. Ele sofre conosco porque nos ama e porque nada do que sentimos escapa de sua esfera de ação.

Isso nos leva a Natanael. Provavelmente é seguro supor que o futuro discípulo não seguiu Jesus com base somente na capacidade de Jesus de conhecer a procedência das pessoas. Sem dúvida, saber que Natanael estava debaixo da figueira foi um fato interessante, mas não foi a única coisa que Jesus sabia, porque, em suas breves palavras, Jesus revelou que o conhecia mais intimamente: "Aí está um verdadeiro israelita, em quem não há falsidade."

"Pode vir alguma coisa boa de lá?"

Com base no comentário de Natanael a Filipe sobre a cidade natal de Jesus, podemos deduzir que ele não escondeu muita coisa. Ele "falou a sua verdade". Tinha o hábito de "falar assim". Ou, mais precisamente, era dogmático, talvez orgulhoso, um pouco rude e mais ou menos preconceituoso. E Jesus sabia muito bem disso por como o caracterizou amavelmente. Vira Natanael debaixo da figueira e todos os dias antes disso. Conhecia a história da vida de Natanael, suas derrotas e triunfos, seus medos e sonhos, seus pontos fracos e fortes. Jesus sabia o que fazia Natanael vibrar. Conhecia seus pensamentos, quer estivesse debaixo da figueira, quer estivesse diante do próprio Criador.

"Aí está um verdadeiro israelita, em quem não há falsidade."

Tal conhecimento — tal conforto de ser conhecido tão intimamente — converteu em um instante o imperfeito-mas-ainda-chamado israelita. Sua tristeza e sofrimento perpétuos seriam carregados por aquele que o viu. O mesmo que nos vê quando estamos sozinhos, quando estamos tristes e antes de percebermos que ele está presente.

Sua vez

2. No episódio 2, Natanael está sofrendo debaixo de uma figueira. Apesar de não sabermos o que ele estava pensando naquele momento, o que podemos deduzir a partir do texto de Salmos 34:18?

3. O que podemos deduzir a partir de Êxodo 3:7?

4. O que podemos deduzir a partir de 2Coríntioss 1:3-4?

Coroa em vez de cinzas

"O Espírito do Soberano SENHOR está sobre mim, porque o SENHOR me ungiu para levar boas-novas aos pobres. Ele me enviou para cuidar dos que estão com o coração quebrantado, para proclamar liberdade aos cativos e libertação aos prisioneiros, para proclamar o ano do favor do SENHOR e o dia da vingança do nosso Deus; para consolar todos os que andam tristes e dar a todos os que choram em Sião uma bela coroa em vez de cinzas, óleo de alegria em vez de pranto, manto de louvor em vez de espírito deprimido. Eles serão chamados carvalhos de justiça, plantio do SENHOR para revelar o seu esplendor."

Isaías 61:1-3

Colocar cinzas na cabeça de alguém era uma expressão de lamento, enquanto colocar óleo na cabeça de alguém era uma expressão de alegria.

Agora, porém, me alegro, não porque vocês foram entristecidos, mas porque a tristeza de vocês os levou ao arrependimento. Pois vocês se entristeceram como Deus desejava e de forma alguma foram prejudicados por nossa causa. A tristeza segundo Deus produz arrependimento para salvação, não remorso; a tristeza do mundo, porém, produz morte.
2Coríntios 7:9-10

Por meio do profeta Isaías do Antigo Testamento, Deus prometeu que o Messias ungido pelo Espírito transformaria a tristeza em alegria. Mas o que isso significa, uma vez que já definimos que ele nem sempre remove a(s) causa(s) de nossa tristeza?

Há simplesmente muitos motivos para tristeza. Às vezes, a pobreza ou a perseguição nos leva a sofrer. A doença e a morte certamente nos causam tristeza, sem mencionar o fato de ter de ficar frente a frente com nossa pecaminosidade. E, de fato, Deus *usa* nossa tristeza, nossa angústia e nossa necessidade abjeta para nos atrair para ele. A consolação expressa no contexto de Isaías 61 era para os que olhavam para ele em busca de perdão para seus pecados (Isaías 59:9-15) e de ajuda nas dificuldades que enfrentavam (Isaías 60:14-18). Em razão de seu sofrimento, eles olhavam para Deus porque ele podia fazer para eles o que não podiam fazer para si mesmos.

Nós, na verdade, não podemos consolar a nós mesmos. Não de modo verdadeiro, não de modo profundo. Podemos olhar para o lado bom da vida, podemos contar as bênçãos e ver o copo meio cheio, mas nos lugares ocultos do coração, não podemos ser para nós aquilo de que necessitamos desesperadamente. E ninguém nem nada no mundo inteiro pode fazer isso. Às vezes, podemos buscar uma felicidade temporária, mas não podemos ser o bálsamo de que necessitamos quando a felicidade vai embora. E... ela vai embora.

Conforme vimos na história de Maria, Marta e seu irmão Lázaro, Jesus também se entristece. De fato, em Isaías 53:3, ele é descrito como "um homem de dores e experimentado no sofrimento. Como alguém de quem os homens escondem o rosto, foi desprezado, e não o tínhamos em estima".

Quando Jesus viu que Maria chorava, bem como os judeus que a acompanhavam, ficou profundamente comovido e perturbou-se.
— Onde o colocaram? — perguntou ele.
— Vem e vê, Senhor — responderam. Jesus chorou.
João 11:33-35

Soberano: ter poder supremo ou absoluto (isto é, Deus sabe e entende as coisas que não sabemos, não vemos ou não entendemos ainda).

Não é comum pensar em Jesus como um homem de dores. Na verdade, quando a vida parece cair em um buraco, temos a tendência de sentir que Deus fez algo *para nós*, o que significa que nos esquecemos totalmente de que ele está sofrendo *conosco*. Embora seja verdade que ele é soberano e às vezes permita situações difíceis, também é verdade que **ele está presente nas situações difíceis** — e também *passou* por situações difíceis. Jesus perdeu pessoas que ele amava e que morreram, inclusive seu primo João Batista (Mateus 14:1-12) e seu pai terreno (observe a ausência de José em João 19:26-27). Perdeu a reputação em Nazaré, sua terra natal, e provavelmente muitos amigos da infância (Lucas 4:16-29). Ele foi despretensioso e desprezado durante a vida inteira (Isaías 53:2). Era pobre, portanto sentiu o desconforto físico da fome e de dormir no chão (Lucas 2:6-7; 2Coríntios 8:9; Hebreus 4:14-15). Foi rejeitado, traído, abandonado, incompreendido, maltratado e, por fim, assassinado pelas próprias pessoas que veio salvar (João 19:1-30).

Ele foi realmente um homem de dores, intimamente familiarizado com a tristeza. Incluindo a sua.

Deus vê você. Sabe o que o entristece e se entristece com você. Sofre com seu sofrimento, com a perda da criação como ele planejou e os intermináveis efeitos em cascata de um mundo que foi despedaçado, distorcido e mergulhado em trevas. E ele se oferece a você em meio ao seu sofrimento. Pense nisto... o Criador do universo, o Rei todo-poderoso, o Redentor e ReCriador — vê *você*. E vê o que faz você sofrer.

Ele não está pedindo que você supere seu sofrimento com mais rapidez. Não está impaciente com você nem decepcionado com sua incapacidade de ficar bem. Ele sabe que algumas formas de sofrimento resultam de cicatrizes do passado e/ou do medo do futuro e não se afasta de você por causa de sua confusão, raiva ou incerteza. Assim como qualquer bom pai reage ao sofrimento de um filho, Deus se aproxima de você em seu sofrimento, o que significa "bem-aventurado você que chora", pois será consolado pelo Deus que o ama, por aquele cujo favor está sobre você.

Quando tomamos conhecimento disso, tudo muda. Sofremos, mas Deus sofre conosco; nunca estamos sozinhos. Deus nos vê, nos entende intimamente e se aproxima de nós, nunca nos abandona quando sofremos. Ao contrário, ele nos segura com amor e firmeza, e promete transformar nossa tristeza em louvor.

Como?

Curvando-se para nos resgatar e curar, no primeiro dia e em todos os dias.

Mas tu, Senhor, és o escudo ao meu redor; és a minha glória e aquele que ergue a minha cabeça.

Salmos 3:3

O Senhor está perto dos que têm o coração quebrantado e salva os de espírito abatido.

Salmos 34:18

"O Senhor, o seu Deus, está no seu meio, um guerreiro poderoso para salvar. Ele terá imensa alegria em você; com o seu amor a renovará. Ele se regozijará em você com brados de alegria."

Sofonias 3:17

Sabemos que todas as coisas contribuem juntamente para o bem de todos aqueles que amam a Deus, dos que foram chamados de acordo com o seu propósito.

Romanos 8:28

Habitando conosco, pois o próprio Consolador mora em nosso coração e intercede em nosso favor.

— Eu pedirei ao Pai, ele dará a vocês outro Conselheiro, que esteja com vocês para sempre: o Espírito da verdade. O mundo não pode recebê-lo, porque não o vê nem o conhece. Vocês, porém, o conhecem, pois ele vive com vocês e estará em vocês. Não os deixarei órfãos; voltarei para vocês.

João 14:16-18

Da mesma forma, o Espírito nos ajuda em nossa fraqueza, pois não sabemos orar, mas o próprio Espírito intercede por nós com gemidos inexprimíveis.

Romanos 8:26

Usando-nos para consolar os outros e levá-los a conhecer aquele que nos consola.

Bendito seja o Deus e Pai do nosso Senhor Jesus Cristo, Pai das misericórdias e Deus de toda a consolação, que nos consola em todas as nossas tribulações, para que possamos consolar os que estão passando por tribulações com a consolação que recebemos de Deus. Pois, assim como os sofrimentos de Cristo transbordam sobre nós, também, por meio de Cristo, transborda a nossa consolação. Se somos atribulados, é para consolação e salvação de vocês; se somos consolados, é para que vocês tenham o consolo que os ajude a suportar com paciência os mesmos sofrimentos que estamos padecendo. A nossa esperança em relação a vocês está firme, porque sabemos que, da mesma forma que participam dos nossos sofrimentos, participam também da nossa consolação.

2Coríntios 1:3-7

Alegrem-se com os que se alegram e chorem com os que choram.

Romanos 12:15

Porque para mim o viver é Cristo, e o morrer é lucro. Entretanto, se continuo vivendo no corpo, terei fruto do meu trabalho. Então, não sei o que escolher! Estou pressionado dos dois lados: desejo partir e estar com Cristo, o que é muito melhor; contudo, é mais necessário, por causa de vocês, que eu permaneça vivo.
Filipenses 1:21-24

Paulo foi um discípulo de Cristo perseguido por sua fé. Ele ansiava pela morte, porque morrer significava estar com Jesus no céu e não sofrer mais. Contudo, ele também sabia que continuar vivo significava falar a mais pessoas sobre Jesus e a consolação e esperança que ele oferece.

Dando um prazo de validade à nossa dor... porque um dia estaremos no céu.

[...] — Bem-aventurados os que agora choram, pois haverão de rir.
Lucas 6:21

— Ele enxugará dos seus olhos toda lágrima. Não haverá mais morte, nem aflição, nem choro, nem dor, pois as coisas antigas já passaram.
Apocalipse 21:4

"Nunca mais terão fome; nunca mais terão sede. O sol não os afligirá nem nenhum calor abrasador, pois o Cordeiro que está no centro do trono os pastoreará; ele os guiará às fontes de água viva, e Deus enxugará dos seus olhos toda lágrima."
Apocalipse 7:16-17

Sua vez

5. Com base nos versículos anteriores, descreva o favor de Deus aos que sofrem.

6. Jesus leu Isaías 61 em voz alta na sinagoga de sua cidade natal e depois disse: "Hoje se cumpriu a Escritura que vocês acabaram de ouvir." (Lucas 4:21) Isto é, ***eu sou aquele de quem Isaías falou; aquele que cura os corações partidos, liberta os cativos e consola os que choram.***

Você já sentiu a presença de Jesus dessas maneiras ao longo de sua vida?

7. Ao saber que Jesus sofreu durante toda a sua vida terrena, há algum impacto no modo com que você vê a sua vida?

8. Leia João 10:14-15. Jesus é o nosso Pastor e nos guia às "fontes de água viva" (Apocalipse 7:17). Mas às vezes ficamos amarrados ao nosso sofrimento e resistimos à sua liderança. Como saber que Jesus é o bom Pastor — nosso Consolador, Apoiador, Resgatador e Terapeuta — facilita que Ele lhe conduza?

CENA EXTERNA — HOSPEDARIA (À NOITE)

(Jesus sai à noite e fecha a porta do lado de fora.)

FILIPE: Mestre.

(Jesus vira-se e vê Filipe andando com Natanael. Ele endireita o corpo e parece genuinamente honrado.)

JESUS: Uma noite bonita!

(Os dois homens ficam confusos. Para Filipe—)

JESUS *(continuando)*: Sabe quem está ao seu lado?

FILIPE *(atordoado)*: É o meu amigo Natanael.

(Jesus continua a olhar firme para Natanael.)

JESUS: Sim, em quem não há falsidade.

(Essas palavras chamam a atenção deles.)

NATANAEL: Como é que é?

JESUS: O homem é muitas vezes enganoso, e Israel começou com Jacó, um enganador, não foi?

NATANAEL: Sim.

JESUS: Mas uma das grandes coisas sobre você... você é um verdadeiro israelita, em quem não há engano.

NATANAEL *(olhando para Filipe)*: O que você disse sobre mim?

(Filipe movimenta a cabeça negativamente.)

NATANAEL *(continuando)*: O que é isto? Como você me conhece?

JESUS: Eu conheço você muito antes de Filipe o chamar para vir e ver.

(Natanael olha de soslaio...)

JESUS *(continuando)*: Não olhe para ele. Olhe para mim. Quando você estava no seu pior momento e estava sozinho... eu não escondi de você o meu rosto. Eu vi você. Debaixo da figueira.

(Natanael arregala os olhos.)

NATANAEL: Mestre.

(Filipe não entende nada, mas olha com entusiasmo. Os olhos de Natanael enchem-se de lágrimas.)

JESUS: Pois é.

NATANAEL: O senhor é o Filho de Deus. O rei de Israel.

FILIPE: Eu sabia!

JESUS: Bom, não demorou muito.

FILIPE: Ele não brinca.

JESUS: Você creu só porque eu o vi debaixo da figueira? Você vai ver coisas muito maiores do que essa.

(Jesus segura firme nos ombros de Natanael e inclina-se para ver seu rosto assustado.)

JESUS *(continuando)*: Como Jacó, vocês verão o céu aberto e os anjos de Deus subindo e descendo sobre o Filho do homem. Que sou eu.

NATANAEL *(rindo)*: Ah, sim, entendi.

JESUS: Ótimo. Sei que você gosta de ser claro.

(André e Simão saem apressadamente da pousada.)

ANDRÉ: Mestre, peço desculpas por interromper, mas João acaba de chegar com uma mensagem da Síria.

JESUS: Ele voltou?

SIMÃO: Sim, e disse que o povo já está se reunindo para se encontrar com o Senhor. Há muitos aflitos para serem curados. *(entusiasmado)* Sua fama está se espalhando... o que é bom.

ANDRÉ: O senhor precisa descansar, Mestre. Vamos sair cedo.

JESUS: Obrigado, rapazes.

(Eles entram apressados. Jesus vira-se para Natanael.)

JESUS *(continuando)*: Então, você quer ajudar a construir algo que produza oração e cânticos, algo que leve as almas para mais perto de Deus?

(Natanael confirma com a cabeça.)

Podemos começar amanhã?

Foco da oração

Converse com Deus sobre problemas que estão fazendo você sofrer muito neste momento. Agradeça-lhe por ele compreender totalmente sua situação e porque ele se importa com você. Agradeça-lhe porque ele conhece o significado do sofrimento por experiência e que deseja compartilhar do seu caminhar e consolá-lo. Peça-lhe que o capacite por meio do Espírito Santo a viver com alegria — de alguma forma — em meio ao seu sofrimento e a olhar com esperança para o tempo em que todas as lágrimas serão permanentemente enxugadas.

Modelo de oração

Amado Senhor,

Tu sabes muito mais do que eu que há problemas me perturbando e me causando muita tristeza. Agradeço a ti porque entendes o meu sofrimento.

Jesus, reconheço que, durante tua vida aqui na terra, passaste também por todos os tipos de sofrimento, o que me consola por saber que entendes realmente e te solidarizas comigo.

Ajuda-me a me entristecer com as mesmas coisas que te entristecem. Mas, ao mesmo tempo, necessito de tua ajuda para seguir em frente em meio a este sofrimento. Pelo teu Santo Espírito, ajuda-me a permitir que a alegria em ti faça parte de minha vida, mesmo agora enquanto aguardo.

Amém.

Tiago, filho de Alfeu (também conhecido como Tiago, o menor)

Por ser o segundo dos dois apóstolos chamados Tiago, "Tiago, filho de Alfeu" é sempre referido assim nas listas dos apóstolos (Mateus 10:3; Marcos 3:18; Lucas 6:15; Atos 1:13), mas, além disso, ele é raramente mencionado no Novo Testamento. Este Tiago é, às vezes, confundido não com o filho de Zebedeu, mas com o meio-irmão de Jesus chamado Tiago (que se tornou um líder influente da igreja em Atos e muito mais identificado como "Tiago, o Justo" na tradição extrabíblica. São muitos Tiagos!).

A tradição sugere que Tiaguinho (como nos referimos a ele em *The Chosen*) exerceu ministério com o povo armênio e foi martirizado entre eles no Império Parta, hoje região do Irã. Dizem que seus ossos foram transferidos para a Catedral de São Tiago no bairro armênio da antiga cidade de Jerusalém. Uma tradição posterior sugere a possibilidade de que foi o Egito o local de seu ministério e martírio. Acredita-se que seus restos mortais se encontram na Basílica dos Santos Apóstolos em Roma junto com os de Filipe — ambos transferidos de Constantinopla para lá no século 6. Dizem que ele foi espancado até a morte e/ou serrado ao meio (70 d.C.).

Terceira lição

OS HUMILDES
e a herança abundante

"Bem-aventurados os humildes, pois receberão a terra por herança."

Mateus 5:5

CENA EXTERNA — ACAMPAMENTO SÍRIO (À TARDE)

TADEU: Como está a fila?

FILIPE: Ficando mais longa. Vou voltar logo para ajudar vocês; não vou aproveitar a minha folga inteira.

TIAGÃO: Cadê o Natanael? É a minha vez de substituí-lo.

FILIPE: Ele disse que vai ficar até o fim; não quer parar o turno.

TIAGUINHO: Filipe, fique no meu lugar, veja se você consegue fazer algum progresso; ele é muito bom.

(Tadeu e Tiaguinho saem, e Filipe vai para perto de Tomé. Mateus lê suas anotações.)

MATEUS: Deve haver mais de sessenta pessoas, com cinquenta esperando na fila, sem incluir os leprosos e outros que ainda estão na fila.

TIAGÃO: Você disse que tem mais de cinquenta na fila agora?

MATEUS: Sim.

TIAGÃO: Quanto tempo isto vai durar?

MATEUS: Bom, vai depender de cada encontro, você tem—

TIAGÃO: Não importa, eu cuido disso.

(Mateus faz uma pausa e depois se aproxima de Maria e Ramá, que acabaram de sair de suas tendas.)

RAMÁ: Mateus, você conseguiu algumas ideias de Filipe?

MATEUS: Sim, das canções de Davi, uma passagem para estudar antes de aprendermos mais.

TIAGÃO *(olhando para a palma de sua mão enquanto caminha com João em direção à fogueira)*: Droga, ainda está sangrando.

JOÃO: O que... isto é da lenha de antes?

TIAGÃO: Sim, e depois, quando empurrei para trás o homem que estava furando a fila, cortei um pouco mais na bolsa dele. Pegue aquele pano.

(João pega um pano no chão, no qual Tiago enrola sua mão.)

FILIPE: É o mesmo homem que esbarrou em mim quando estava saindo depois que Jesus curou a esposa dele. Acho que é um dos homens que chegaram aqui ontem à noite.

TIAGÃO: Depois de quase quatro horas de caminhada esta manhã, ainda não tivemos um momento para descansar. Sabe, o que ele está fazendo é ótimo, claro, mas eu gostaria que isso acontecesse amanhã.

TOMÉ: O que está havendo? Do que fazemos parte?

JOÃO: É errado dizer que não faço ideia?

TOMÉ: Não, isso me faz sentir melhor.

RAMÁ: Acho que não tivemos tempo de pensar nisso. Todo esse tempo, meus pais, eu sei, odeiam isso. Além do mais, imaginei que Tomé e eu teríamos respostas do resto de vocês.

TOMÉ: A notícia já está se espalhando rápido demais... não pensei nisso. Você já pensou na fama de tudo isto?

JOÃO: Eu não me importaria de ser famoso.

TIAGÃO: Não estou surpreso.

FILIPE: Não é tão divertido quanto você pensa.

JOÃO: Não me lembro de uma época em que não pensei no Messias pelo menos uma vez por semana. Orei a vida inteira para que ele viesse durante este tempo e esperava pelo menos conseguir vê-lo. Mas ficar perto dele assim? Um ninguém como eu? O que há de engraçado nisto?

TIAGÃO: Você chama o dia de hoje de engraçado?

FILIPE: Talvez não engraçado, mas bom. Mas com esta fama vêm os inimigos. Você será odiado também.

MATEUS: Estou acostumado com isso.

FILIPE: Bom, você era protegido. E seus inimigos não eram poderosos.

TIAGÃO: Falando em inimigos... se um dia alguém lhes dissesse que vocês seriam alunos do Messias. VOCÊS. Que estariam perto dele, que o ajudariam na missão dele. O que vocês teriam pensado?

RAMÁ: Eu teria dito: "Sinto muito, sou uma menina, pergunte ao meu irmão."

TIAGÃO: Tudo bem. Mas de verdade... Tomé, o que você teria pensado?

TOMÉ: Eu teria pensado: *Não tenho treinamento militar*. Isso ainda é um problema.

TIAGÃO: Exatamente. Quando eu era pequeno, pensava como seria maravilhoso ver o Messias matar todos os romanos da minha rua. E queria até ajudá-lo. Treinava todos os dias com uma espada de madeira.

(João levanta o cotovelo.)

JOÃO: Sim, e eu tenho a cicatriz que prova que ele era muito bom.

RAMÁ: Eu imaginava que os romanos invadiriam a nossa casa, e eu me esconderia embaixo da cama com uma faca. E, assim que eles me pegassem, o Messias me salvaria no último momento.

TIAGÃO: Eu não achei que passaríamos o nosso tempo curando — bom, vendo Jesus curar. E eles nunca vão parar. Quanto mais as pessoas vêm, mais elas ouvem falar sobre isto e vamos continuar fazendo a mesma coisa nos próximos cinco anos e nunca chegaremos à parte da luta.

FILIPE: Você está ansioso por pegar aquela sua espada de madeira, não?

Tudo, menos liquidado

De acordo com o dicionário, *manso* significa: "facilmente dominado; não violento; domesticado".

Discordamos.

A *humildade* é focada no autoconceito da pessoa.

A *mansidão* é focada no comportamento da pessoa em relação aos outros em razão de seu autoconceito.

Ao evitar o orgulho, o *humilde* evita gabar-se de ter feito algo importante, ao passo que o *manso* evita retaliar para se vingar.

Tanto o humilde quanto o manso buscam glorificar a Deus no modo em que reagem às circunstâncias, confiando nele em coisas como validação, encorajamento, perdão e justiça.

A humildade é um traço de caráter raro, mal compreendido e não admirado. Talvez porque a palavra "humildade" rime com *passividade* — e é exatamente o que pensamos que ela significa. Preferimos adjetivos como *ousado*, *corajoso*, *impressionante*, *impetuoso*. Prestamos atenção a pessoas de destaque, as que fazem nome e as que adquirem nome. Votamos em políticos fortes, assistimos a espetáculos de premiação com direito a tapete vermelho e ficamos na fila para conseguir autógrafos de jogadores famosos, porque admiramos pessoas de destaque, ricas, bonitas, bem-sucedidas, francas e ousadas.

No entanto, bem-aventurados os humildes.

Em uma cultura que coloca a autoproteção, os próprios interesses e o poder acima de tudo, a humildade é uma arte perdida. Ao contrário dos dicionários, a Bíblia descreve o humilde como alguém que possui uma força silenciosa, oculta sob a superfície, nunca exercida com imprudência ou crueldade, mas cuidadosamente distribuída com precisão, gentileza e consideração. O humilde não é deficiente de força ou coragem; ao contrário, ele escolhe uma postura de humildade. O problema é que colocar sempre as outras pessoas adiante de nós exige mais força do que de fato temos.

Vamos nos aprofundar nisso daqui a pouco.

Sua vez

1. Seja honesto. Quem você admira e por quê? Quais são algumas características que normalmente mais o impressionam? O que você mais deseja possuir? (Spoiler: o humilde nem sempre está entre os vencedores.)

O pequeno, o mais jovem, o menor

Algumas mulheres estavam observando de longe. Entre elas estavam Maria Madalena, Salomé e Maria, mãe de Tiago, o mais jovem, e de José.

Marcos 15:40

Dois dos discípulos de Jesus tinham o mesmo nome. Tiago, filho de Alfeu, e Tiago, filho de Zebedeu. Pouco foi escrito sobre Tiago, filho de Alfeu, embora ele tenha recebido um apelido em algum lugar ao longo do tempo: *Tiago, o menor*. Você sabe, como oposto a *Tiago, o maior*. Cruel, não? Algumas pessoas presumem que esse nome foi dado em razão de sua estatura; que ele era o mais baixo dos dois discípulos. Algumas argumentam o fator idade, que ele era o mais jovem dos dois discípulos. E algumas dizem que ele era menos importante que "TIAGO! FILHO DO TROVÃO!" (... trovão!... trovão!), o que provoca a pergunta: menos importante de acordo com quem?

Sabemos apenas que "Tiaguinho" uniu-se àquele que, segundo ele acreditava, resgataria os judeus (#corajoso). Sabemos que ele confiou em Jesus para prover às suas necessidades básicas diárias, abandonando o conforto e a convivência do lar pela imprevisibilidade, pelo perigo e pela falta de conforto na estrada (#valente). Sabemos que ele se submeteu à liderança de Jesus, o que incluía muito trabalho, apesar de sua deficiência pessoal (#impressionante). E sabemos que, depois da morte e ressurreição de Jesus, Tiago e seus companheiros discípulos levavam a mensagem do evangelho até os confins da terra, apesar da constante perseguição e da possibilidade de ser morto (#impetuoso). Sabemos também que no Novo Mundo ele se sentará ao lado de Jesus em um dos doze tronos,

Para os *nerds* da Bíblia (como nós) que querem saber

"O menor" é usado em 18 traduções da Bíblia.

"O mais jovem" é usado em 32 traduções da Bíblia.

"O pequeno" é usado em 2 traduções da Bíblia.

A evolução da língua ao longo do tempo motiva novas traduções, mesmo dentro da mesma língua original (isto é, dezenas de traduções em nossa língua estão disponíveis hoje). Isso porque existem várias maneiras diferentes de traduzir, incluindo palavra por palavra, pensamento por pensamento e paráfrase.

para julgar as tribos de Israel (Mateus 19:28), e que seu nome será escrito nos fundamentos do céu (Apocalipse 21:14).

Tiago, o *menor*, ou Tiaguinho — ah! Somente com base em nossos padrões patéticos, rasos e encharcados de pecado é que Tiago, filho de Alfeu, líder da igreja do primeiro século e amigo pessoal do Salvador do mundo, ganharia tal nome. E, repetindo, talvez ser chamado de "menor" tenha sido o maior elogio que ele recebeu.

Jesus escolheu de fato aqueles que o mundo não respeitava — pescadores pobres, um cobrador de impostos desprezado, um zelote radical e indisciplinado, e mulheres consideradas de posição inferior aos homens — para participarem do início do reino que ele estava trazendo ao mundo. Um reino com um conjunto de prioridades muito diferentes do que nós, humanos, julgamos importantes. E Jesus pregou de acordo com elas, não apenas no SDM, mas também todos os dias, de todas as maneiras. Ele acolheu as crianças, os pobres, os enfermos, os rejeitados e ensinou seus seguidores a prestarem serviço a eles. Isso significa que, conforme a descrição dos discípulos no episódio 3, podemos ter certeza de que Tiaguinho ficou às vezes surpreso e confuso ao saber quem Jesus era e o que escolheu fazer.

Afinal, os judeus esperavam que o tão aguardado Messias seria um líder militar **não humilde**, que os libertaria da ocupação romana. Alguém forte e poderoso. Uma figura imponente de se ver.

No entanto, o que eles viram mudou tudo.

Para os *nerds* da Bíblia (como nós) que querem saber

A visão do profeta em Zacarias 14 descreve uma ação militar contra Jerusalém e alguns horrores da guerra sendo travada contra o povo de lá (v. 1-2). Embora as datas dos eventos descritos não sejam mencionadas, o próprio Senhor é retratado trazendo vitória sobre os inimigos de Jerusalém — e com um efeito que abalaria a terra (v. 3-4). Portanto, faz sentido que alguns judeus esperassem que o Messias viesse como um militar vitorioso para resgatar seu povo dos inimigos.

No entanto, a cena astronômica e meteorológica (v. 6-8), a descrição de Jesus como "rei de toda a terra" (v. 9) e que Jerusalém estará segura para sempre da destruição (v. 11) confirmam que o cumprimento definitivo dessa profecia ocorrerá no final da história humana.

Sua vez

2. Humildade é uma atitude do coração, não um resultado de nosso DNA, de nossa criação ou de nossa incapacidade de nos defendermos. De acordo com Mateus 11:28-30, como adotamos uma atitude de humildade? Quem é o nosso exemplo principal?

3. Dizem que o humilde não é uma pessoa fraca, mas um leão domesticado — alguém com "força sob controle". Como isso muda a forma como se sente a respeito da palavra? Como muda o modo como reagirá na próxima vez em que for maltratado?

4. Deus não valoriza o que o mundo valoriza. Sublinhe as palavras abaixo que descrevem o tipo de pessoas que ele escolhe e explique por que Tiaguinho tinha todos os motivos para amar e aceitar seu apelido.

> Mas Deus escolheu os que são loucos para o mundo a fim de envergonhar os sábios e os que são fracos para o mundo a fim de envergonhar os fortes. Deus escolheu as coisas insignificantes do mundo, os desprezados e as coisas que não são para invalidar as que são, a fim de que ninguém se vanglorie diante dele. É, porém, por causa dele que vocês estão em Cristo Jesus, o qual se tornou para nós sabedoria de Deus, justiça, santidade e redenção, a fim de que, como está escrito: "Aquele que se gloriar glorie-se no Senhor."
>
> 1Coríntios 1:27-32

Para os *nerds* da Bíblia (como nós) que querem saber

Deus chamou o antepassado Abraão para deixar sua terra natal a fim de estabelecer-se em uma nova terra — uma terra seleta para uma nação seleta.

"Então, o Senhor disse a Abrão:

— Saia da sua terra, do meio dos seus parentes e da casa do seu pai, e vá para a terra que eu lhe mostrarei. Farei de você um grande povo e o abençoarei. Tornarei famoso o seu nome, e você será uma bênção. Abençoarei os que o abençoarem e amaldiçoarei os que o amaldiçoarem; por meio de você, todos os povos da terra serão abençoados." (Gênesis 12:1-3)

Essa aliança abraâmica era uma promessa tripla indicando a intenção de Deus de estabelecer um povo selecionado (Gênesis 12:2; 13:16; 15:5; 17:1-4) em um lugar específico (Gênesis 12:1,7; 13:14-17; 15:7,18-21; 17:8) com um propósito especial de abençoar o mundo inteiro (Gênesis 12:3; 15:5; 17:5-7).

E, uma vez que a palavra que designa "terra" [planeta] era a mesma que designa "terra" [solo], não é de admirar que os discípulos imaginassem que, um dia, Jesus acabaria expulsando Roma e reintegrando Israel.

O outro lado

Notícias sobre [Jesus] se espalharam
por toda a Síria, e o povo lhe trazia
todos os que sofriam de vários males
e tormentos: endemoniados, epiléticos
e paralíticos; e ele os curava.
Mateus 4:24

A nação de Israel, que incluía os discípulos, estava de fato pronta para uma revolução. Haviam sido conquistados e invadidos por Roma — ocupados, maltratados e abusados — e aguardavam ansiosamente o prometido Messias, aquele que acreditavam que os resgataria e os reintegraria à sua terra natal, a terra dada aos seus antepassados que eles deveriam herdar. Porque, *claro*, era assim que eles pensavam. Olhavam para suas circunstâncias e não podiam imaginar que o Salvador fizesse menos que isso. Mas, enquanto os seguidores de Jesus queriam um fim para seu sofrimento por meio de guerra, o que receberam foi o SDM e um modo totalmente novo de pensar, de ser e de reagir.

— Mas eu digo: amem os seus inimigos
e orem por aqueles que perseguem vocês,
para que vocês venham a ser filhos [e
filhas] do seu Pai, que está nos céus.
Porque ele faz raiar o sol sobre maus
e bons e derrama chuva sobre justos
e injustos. Portanto, se vocês amarem
aqueles que os amam,

que recompensa receberão? Até os publicanos fazem isso!
E, se saudarem apenas os seus irmãos, o que farão de
mais? Até os gentios agem assim! Portanto, vocês devem
ser perfeitos como é perfeito o Pai celestial de vocês.
Mateus 5:44-48

Quando eu for e preparar lugar, voltarei e os levarei comigo, para que vocês estejam onde eu estiver.
João 14:3

Jesus passou seu tempo curando e pregando sobre um futuro reino, sem lutar e restabelecer o atual. Aliás, ele não fez nenhum comentário social ou político, embora tanto seus seguidores quanto seus inimigos tivessem tentado convencê-lo a fazer isso. Levantaram questões de impostos e tetrarcas, tradições e linhas do tempo porque (como nós) esforçavam-se para ver além do momento em que viviam. Mas Jesus estava focado em chamar pessoas para ele, pessoas devastadas, humilhadas e conscientes que necessitavam dele, porque ele via além do que elas estavam vivendo naquele momento e em quem se transformariam quando suas mãos as curassem e as recriassem. Via além das circunstâncias delas e do lugar que lhes preparou.

A propósito, os momentos, por sua própria natureza, encurtam nossa visão e nos tornam egocêntricos porque não há nada que *sintamos* mais do que os momentos, inclusive e principalmente aqueles que provocam raiva, tristeza, medo, atitude defensiva e decepção. Todos eles nos tentam a deixar a humildade de lado. Mas o propósito de Jesus era muito maior que o momento. As prioridades de seu reino eram e são eternas, e esse foi o maior motivo pelo qual ele reuniu seguidores em primeiro lugar. Porque, quando a criação for finalmente restaurada e a eternidade em toda a sua glória começar, Jesus deseja que o maior número possível de pessoas esteja com ele na glória.

Portanto, bem-aventurados os que veem além do momento — os que atendem ao chamado de Jesus e depois falam como Jesus e amam como Jesus — porque passam a fazer parte do grupo que leva outras pessoas ao reino! Não é de admirar que Jesus tenha pedido aos seus seguidores que fossem humildes. Como ele, estamos atraindo outras pessoas para nos acompanharem, persuadindo-as com a mesma paciência, bondade e misericórdia que nos atraíram em primeiro lugar. E então, um dia, nos deleitaremos com o fruto desse trabalho quando a generosidade de Deus a nós for derramada em uma terra prometida de forma tão maravilhosa que nossa mente não é capaz sequer de compreender.

Esse conhecimento deve mudar tudo. Escolhemos a humildade — "negamos a nós mesmos" como fez o nosso Salvador (Mateus 16:24-25) — *por causa da promessa*. Como Tiaguinho, tornamo-nos menores ao nos submeter a Jesus como Senhor no primeiro dia e em todos os dias, sabendo que nossa herança nos espera do outro lado do momento. E, por causa da fidelidade de Deus em nos carregar e nos capacitar a fazer o que ele nos pede, ele prometeu outras coisas também:

Bem-aventurados os humildes, pois serão cuidados.

Os ímpios tomam emprestado e não devolvem, mas os justos dão com generosidade; aqueles que o Senhor abençoa herdarão a terra [...].

Salmos 37:21-22

— Vocês ouviram o que foi dito: "Olho por olho, dente por dente." Mas eu digo: não resistam ao perverso. Se alguém o ferir na face direita, ofereça-lhe também a outra. E, se alguém quiser processar você e tirar a sua túnica, deixe que leve também a capa. Se alguém o forçar a caminhar com ele uma milha, vá com ele duas. Dê a quem lhe pede e não volte as costas àquele que deseja pedir algo emprestado.

Mateus 5:38-42

— Portanto, não se preocupem dizendo: "O que comeremos?", "O que beberemos?" ou "O que vestiremos?" Pois os gentios é que correm atrás dessas coisas, mas o Pai celestial de vocês sabe que precisam delas. Busquem, pois, em primeiro lugar o reino de Deus e a sua justiça, e todas essas coisas serão acrescentadas a vocês.

Mateus 6:31-33

E todo aquele que tenha deixado casa, irmãos, irmãs, pai, mãe, esposa, filhos ou campos, por causa do meu nome, receberá cem vezes mais e herdará a vida eterna. Contudo, muitos primeiros serão últimos, e os últimos serão primeiros.

Mateus 19:29-30

Bem-aventurados os humildes, pois serão cuidados.

Mas tu, SENHOR, és o escudo ao meu redor; és a minha glória e aquele que ergue a minha cabeça.

Salmos 3:3

"A sua misericórdia estende-se aos que o temem de geração a geração. Ele realizou feitos poderosos com o seu braço; dispersou os que são soberbos no íntimo do coração. Derrubou governantes dos seus tronos, mas exaltou os humildes."

Lucas 1:50-52

Quando notou como os convidados escolhiam os lugares de honra à mesa, Jesus lhe contou esta parábola: — Quando alguém o convidar para um banquete de casamento, não ocupe o lugar de honra, pois pode ser que tenha sido convidado alguém de maior honra do que você. Se for assim, aquele que convidou os dois virá e dirá: "Dê o lugar a este." Então, humilhado, você precisará ocupar o lugar menos importante. Quando, porém, você for convidado, ocupe o lugar menos importante, de forma que, quando vier aquele que o convidou, diga: "Amigo, passe para um lugar mais importante." Então, você será honrado na presença de todos os convidados. Pois todo aquele que se exalta será humilhado, e todo aquele que se humilha será exaltado.

Lucas 14:7-11

[...] Sejam todos humildes uns para com os outros, porque "Deus se opõe aos orgulhosos, mas concede graça aos humildes".

1Pedro 5:5

Bem-aventurados os humildes, pois serão vingados.

[...] — Não tenham medo. Fiquem firmes e vejam o livramento que o SENHOR trará hoje [...]. O SENHOR lutará por vocês; fiquem calmos.

Êxodo 14:13-14

Não diga: "Eu o farei pagar pelo mal que me fez!."
Espere pelo SENHOR, e ele o livrará.

Provérbios 20:22

Jesus contou aos seus discípulos a seguinte parábola, para mostrar-lhes que eles deviam orar sempre e nunca desanimar. Ele disse: — Em certa cidade, havia um juiz que não temia a Deus nem se importava com os homens. Havia também naquela cidade uma viúva que se dirigia continuamente a ele, suplicando-lhe: "Faz-me justiça contra o meu adversário." — Por algum tempo, ele se recusou a atendê-la, mas finalmente disse a si mesmo: "Embora eu não tema a Deus nem me importe com os homens, esta viúva está me aborrecendo; vou fazer-lhe justiça, para que ela deixe de me importunar." O Senhor continuou: — Prestem atenção no que diz o juiz injusto. Acaso Deus não fará justiça aos seus escolhidos, que clamam a ele dia e noite? Continuará fazendo-os esperar? Eu digo a vocês que ele lhes fará justiça e depressa. [...]

Lucas 18:1-8

Não paguem a ninguém o mal com o mal. Procurem agir corretamente diante de todos os homens. Se possível, naquilo que depender de vocês, vivam em paz com todos os homens. Amados, nunca procurem vingar-se, mas deixem com Deus a ira, pois está escrito: "Minha é a vingança; eu retribuirei", diz o Senhor. Ao contrário: "Se o seu inimigo tiver fome, dê-lhe de comer; se tiver sede, dê-lhe de beber. Fazendo isso, você amontoará brasas vivas sobre a cabeça dele." Não se deixem vencer pelo mal, mas vençam o mal com o bem.

Romanos 12:17-21

Bem-aventurados os humildes, pois serão como Jesus.

Seja o modo de pensar de vocês o mesmo de Cristo Jesus, que, apesar de ser Deus, não considerou que a sua igualdade com Deus era algo que deveria ser usado como vantagem; antes, esvaziou a si mesmo, assumindo a forma de servo, tornando-se semelhante aos homens. Sendo encontrado em figura humana, humilhou-se e foi obediente até a morte, e morte de cruz! Por isso, Deus o exaltou à mais alta posição e lhe deu o nome que está acima de todo nome, para que ao nome de Jesus todo joelho se dobre nos céus, na terra e debaixo da terra, e toda língua confesse que Jesus Cristo é o Senhor, para a glória de Deus Pai.

Filipenses 2:5-11

Pois aqueles a quem previamente conheceu, também os predestinou para serem conformes à imagem do seu Filho, a fim de que ele seja o primogênito entre muitos irmãos. Aos que predestinou, também chamou; aos que chamou, também justificou; aos que justificou, também glorificou.

Romanos 8:29-30

Para isso vocês foram chamados, pois também Cristo sofreu no lugar de vocês e deixou exemplo para que sigam os seus passos. "Ele não cometeu pecado algum, e nenhum engano foi encontrado na sua boca." Quando ele era insultado, não revidava; quando sofria, não fazia ameaças, mas entregava-se àquele que julga com justiça.

1Pedro 2:21-23

Sua vez

5. Com base nos versículos anteriores, descreva o favor de Jesus para com os humildes.

6. Leia Gálatas 5:16-25. De onde vem nossa capacidade de escolher a humildade e o autocontrole?

7. Como o fato de olhar além do momento e ver sua herança — a vitória que já é sua em Jesus — muda o modo de você ver o momento e lidar com ele?

8. A maneira mais segura de manter um espírito de humildade é lembrar (a) que você necessita ser salvo, (b) que Deus o salvou e (c) para onde você está indo em razão disso. Leia Efésios 2:5-7 e depois escreva resumidamente o seu testemunho, mencionando especialmente a misericórdia de Deus e a promessa de sua herança.

TOMÉ: Para ser sincero, eu não entendo. Não sei por que Deus permitiu a ocupação. Eu adoraria fazer mais perguntas a ele *(apontando para Jesus)*, por que isso é permitido há tanto tempo. É difícil me sentir como um escolhido.

SIMÃO: Já me senti assim.

RAMÁ: Mas valeu a pena, não? A espera acabou.

(Tomé assente com a cabeça e sorri. Simão olha para Mateus, que ficou calado o tempo todo.)

SIMÃO: E você?

MATEUS: Como assim?

SIMÃO: Tem sido difícil para você? O tempo todo? A ocupação, seguir a lei judaica?

MATEUS: Minha vida não tem sido fácil.

SIMÃO: Ah, não? O que é mais doloroso para você? Escapar da perseguição romana trabalhando para eles ou escapar da sua culpa com todo o dinheiro? E agora você está lendo de novo a Torá e querendo obedecer à lei? Por que agora, tão de repente assim? Por que não antes quando você teve a chance?

JOÃO: Simão.

SIMÃO: Não, não, João. Eu quero saber... Maria sofreu um trauma terrível. Não escolheu tudo o que aconteceu com ela. Qual é a sua desculpa?

MATEUS: O que você quer que eu diga? Não sei o que você quer de mim.

ANDRÉ: Um pedido de desculpa.

MATEUS: O quê?

(Maria Mãe e Tiaguinho saem do meio das árvores e param, observando.)

ANDRÉ: Simão não está errado. Ele poderia ser mais delicado, mas você escolheu trabalhar para eles e tornou a minha vida mais difícil do que era, e nunca se desculpou. *(Mateus abre a boca para falar.)*

SIMÃO: Não, não, não diga nada. Não quero que você se desculpe, não importa. De que adianta ouvi-lo dizer que sente muito? De qualquer maneira, eu não vou perdoar.

JOÃO: Que autoridade você tem? Quem é você para perdoar ou não perdoar?

SIMÃO: O quê? Você está do lado dele?

JOÃO: Não, claro que não! Mas você teve problemas também! Que tal pedir desculpa pelo que você quase fez conosco com os romanos?

SIMÃO: Eu não fui até o fim! Estava tentando salvar a vida da minha família e eu amo você, João, mas você não precisa se preocupar com esse assunto porque Zebedeu e Salomé estão cuidando de você. *(dirigindo-se a Mateus)* Mas você me colocou numa posição desesperadora e fiz coisas que NUNCA teria feito, mas me arrependi. Sinto muito, João e Tiago, mas não fui até o fim.

TOMÉ *(dirigindo-se a Mateus)*: Qual é a sua desculpa? Eu era um comerciante bem-sucedido, mas sempre corri atrás.

JOÃO: Ele não era o seu cobrador de impostos.

TOMÉ: Pare de defendê-lo. Eu quero uma resposta!

TIAGÃO *(levanta-se)*: Ei! Você é novo...

SIMÃO: Você sabe ao menos o que significa ser judeu? Sofrer durante séculos e séculos por causa disso e continuar comprometido com isso? Proteger nossa herança sem nunca parar de sofrer, porque o ÚNICO CONSOLO que temos é saber que estamos JUNTOS? Que estamos todos sofrendo juntos, mas se esperarmos um pouco mais, se ficarmos firmes um pouco mais, vamos ser resgatados, porque somos escolhidos? Todos nós! E você traiu isso, cuspiu no prato em que comeu! Não consigo perdoar. Nunca vou perdoar!

TIAGÃO: Tudo bem, você disse o que precisava dizer. Sente-se, Simão.

ANDRÉ *(levantando-se para defender o irmão)*: Sente-se você primeiro!

(Um ruído vindo das árvores os faz parar. Eles olham... É Jesus. Ele caminha lentamente, com os ombros curvados, com os músculos fracos. Há sangue nele das pessoas que ele curou. Suas roupas amassadas estão encharcadas de suor e penduradas. Ele passa arrastando os pés.)

JESUS *(sussurrando)*: Boa noite.

(Jesus para diante de sua tenda. Mal consegue ficar em pé, suas mãos tremem. Maria Mãe caminha rapidamente em sua direção. Ajuda-o a tirar o manto.)

JESUS: Ah, *Ima*... obrigado.

(Ela tira as sandálias dele, lava seus pés. Depois suas mãos. Alguns discípulos olham, e outros abaixam a cabeça.)

MARIA MÃE: Você tem sangue nas mãos *(limpando a testa de Jesus)*. Mais um... vamos lá.

JESUS: Estou terrível. Tudo bem?

MARIA MÃE: Tudo bem.

JESUS *(beijando-a na testa)*: O que eu faria sem você, *Ima*?

MARIA MÃE: Vá dormir um pouco.

JESUS: Está bem. Estou muito cansado.

(Ele deita-se na cama. Enquanto Maria faz algumas arrumações, ouvimos fracamente o início de sua oração antes de dormir.)

JESUS *(continuando)*: "Bendito és tu, nosso Deus, Rei do Universo, que traz sono aos meus olhos e sonolência às minhas pálpebras. Que esta seja a tua vontade, Senhor, meu Deus, e Deus dos meus antepassados, que eu durma em paz e acorde em paz..."

(Os discípulos ficam em silêncio enquanto nós... A CENA ESCURECE.)

Foco da oração

Reflita sobre os lugares ou situações de sua vida nas quais, de modo semelhante aos discípulos no episódio 3, você gostaria de um pouco de justiça por como você foi injustiçado... ou ao menos que outras pessoas reconheçam que você foi injustiçado e peçam desculpa pela mágoa que elas causaram. Converse com o Senhor sobre seus sentimentos e sobre as pessoas envolvidas. Agradeça-lhe porque ele entende a dor dessas circunstâncias e peça-lhe sabedoria para decidir o que fazer: ignorar a ofensa caso se irrite (Provérbios 19:11; 1Coríntios 13:4-7), confrontar com amor e perdoar (Mateus 18:15-22;

Ser humilde não significa tolerar um relacionamento abusivo ou permanecer nele. Se você está recebendo maus-tratos, busque ajuda. Não é da vontade de Deus que você seja maltratado. Repetindo, humildade não significa fraqueza.

Lucas 17:3-4) e/ou buscar conselho e auxílio de conselheiros cristãos confiáveis (1Pedro 5:1-5; Gálatas 6:1-3). Peça a Deus que o Espírito Santo lhe dê coragem e força para fazer tudo isso com atitude de humildade.

Modelo de oração

Amado Senhor,

Tu sabes todas as coisas, inclusive quando estou frustrado, magoado ou sendo menosprezado. Reconheço que nem sempre tenho reagido com a devida humildade. Perdoa-me pelas vezes em que penso somente em mim — em minha dor, constrangimento e vergonha — e desejo uma dose inadequada de justiça. Até de vingança.

Ajuda-me a pensar com clareza, com razão e com sabedoria, Senhor. Ajuda-me a abrir mão de pequenos rancores e, quando necessário, confrontar com amor e perdoar em vez de querer vingança. Sou grato pelas muitas coisas que me tens dado e confio em que tens ainda mais para me oferecer. Sou grato por tudo isso.

Amém.

Simão, o zelote

O segundo apóstolo com o nome de Simão não é distinguido de Simão Pedro por ter recebido um segundo nome, mas pelo acréscimo de uma nota sobre suas tendências políticas (isto é, sua filiação aos zelotes (Lucas 6:15; Atos 1:13). Os zelotes faziam parte de um movimento contra Roma entre os judeus do primeiro século; portanto, Simão, o zelote, é notado por sua paixão contra a ocupação romana na terra de Israel. Em algumas versões bíblicas, ele é referido como "Simão, o cananeu", porque a palavra "cananeu" provém de uma transliteração da palavra aramaica "zelote".

Pouco se sabe sobre esse apóstolo, e várias tradições a seu respeito confundem e se fundem às vezes com histórias sobre o irmão de Jesus chamado Simão (o que ocorre com Tiago e Judas, porque eles também tinham os mesmos nomes dos irmãos de Jesus [Mateus 13:55; Marcos 6:3]). Registros indicam que Simão, o zelote, ministrou no Império Parta (a região da antiga Pérsia e atual Irã). Parte desse ministério foi realizado em parceria com Judas Tadeu (também conhecido como Judas). Dizem que, com seu novo zelo por Jesus, Simão, o zelote, levou a mensagem do evangelho a partes da África (Egito e Mauritânia), Lídia (uma região da atual Turquia) e possivelmente até a Grã-Bretanha. Representado várias vezes em lendas, Simão, o zelote, foi martirizado no Império Parta, sendo surrado (com paus e pedras e/ou com espadas e lanças), crucificado e/ou serrado ao meio (72 d.C.). Curiosamente, entre as lendas sobre os apóstolos, Simão, o zelote, e Tadeu são os únicos dois discípulos originais que morreram juntos em qualquer história.

Quarta lição

OS QUE TÊM FOME

e os que cessam de buscar

"Bem-aventurados os que têm fome e sede de justiça, pois serão satisfeitos."

Mateus 5:6

TANQUE DE BETESDA (À TARDE)

SIMÃO Z: Não acredito. Você está pior do que antes.

JESSÉ: Minhas pernas são as mesmas desde quando você foi embora.

SIMÃO Z: Não estou falando das suas pernas. Estou falando de você. Este lugar esquecido por Deus transformou meu irmão forte em alguém sem esperança.

JESSÉ: E o que eu deveria esperar depois de todos estes anos? Você e sua laia assassina.

SIMÃO Z: Jessé, me mata ver você sofrer assim, e sinto muito, sinto de verdade. Mas esse não é o único tipo de sofrimento e você não é o único que sente isso. Sabe de uma coisa? Pelo menos faço algo sobre a minha vida e não fico sentado numa cama esperando a morte chegar.

JESSÉ *(olhando para baixo)*: Você já disse tudo o que precisa dizer?

SIMÃO Z: Preciso entrar na Cidade Alta.

JESSÉ: É perto daqui. Menos de um quilômetro e meio. Para mim, poderiam ser mil quilômetros. *(chorando)* Seja lá quem for, não faça isso. Não vale a pena. Se eles o pegarem, vão matar você!

SIMÃO Z: Eu não tenho medo da morte.

(Jessé se emociona ao ouvir essas palavras.)

SIMÃO Z *(continuando)*: Eu só queria me despedir, porque não fiz direito na primeira vez. Eu amo você. E amo a Deus. Adeus, Jessé.

(Quando Simão Z se vira para ir embora, Jessé pega a carta que Simão havia escrito anos antes.)

JESSÉ: "... quando você ler isto, estarei a meio caminho das montanhas, para encontrar os Zelotes da Quarta Filosofia, no espírito do grande rei Davi que cantou: 'O zelo pela tua casa me consumiu.'"

SIMÃO Z: Anotações. Eu escrevia melhor antes.

JESSÉ: "E de Sofonias: 'Nessa época, agirei contra todos os seus opressores. Salvarei os aleijados e ajuntarei os dispersos. Darei a eles louvor e honra em todas as terras onde foram envergonhados.' Jessé, quando você ficar em pé, eu saberei que o Messias chegou. Eu lutarei pela liberdade de Sião para ver esse dia."

(As palavras ficam no ar. Simão Z volta a falar rapidamente com o irmão.)

SIMÃO Z: Eu mantenho isso. Adeus, Jessé.

Tanques e coisas semelhantes

Às vezes, procuramos coisas certas em lugares errados. Às vezes, procuramos coisas erradas por motivos certos. Às vezes, procuramos coisas erradas em lugares errados porque ansiamos preencher o vazio em nosso coração — restaurar o que um dia foi certo, apesar de nossa inabilidade em fazer isso. E às vezes, pela graça de Deus, procuramos a coisa certa no lugar certo.

E encontramos.

Não vamos, porém, nos precipitar, porque vivemos em um mundo profundamente insatisfatório — o que é estranho, considerando que temos mais escolhas, mais conveniências e mais conforto do que em qualquer outro período da história. Tais progressos e prosperidade em geral (pense na eletricidade, refrigeração, encanamento, carros, aviões etc.) deveriam garantir nosso contentamento. Mas o oposto é verdadeiro, e geralmente a humanidade vive inquieta e insatisfeita.

Qual o motivo? Bom, para começar, as redes sociais. Todos os dias temos acesso a plataformas que são constantemente atualizadas com o que há de melhor para todos nós — fotos de férias, comidas bonitas, cabelos bem-arrumados, famílias bem-comportadas e vídeos que parecem deixar qualquer um totalmente feliz. Mas na realidade em que vivemos nada é perfeito e a felicidade é passageira. Podemos ter o emprego, a casa, o carro, o relacionamento ou o reconhecimento que tanto desejamos, mas cada novidade traz consigo uma série de problemas. E, como se vê, ter mais escolhas, além de ter acesso para ver as escolhas de outras pessoas, produz um descontentamento maior, não menor, porque há sempre mais para fazer, ver, ser, ter e experimentar.

A verdade é que **nada, a não ser Deus, satisfaz realmente** — não de modo verdadeiro, não de modo permanente, não de modo completo —, porque ele nos criou somente para sentir satisfação nele.

Ele é inteligente.

Sua vez

1. Quais são algumas coisas que você imaginou que lhe trariam contentamento e satisfação? Elas realmente trouxeram? Por que sim ou por que não?

O que há em um nome?

Então, Jesus chamou os seus doze discípulos e deu-lhes autoridade para expulsar espíritos imundos e curar todas as doenças e enfermidades. Estes são os nomes dos doze apóstolos: primeiro, Simão, chamado Pedro, e André, o seu irmão; Tiago, filho de Zebedeu, e João, o seu irmão; Filipe e Bartolomeu;

Tomé e Mateus, o publicano; Tiago, filho de Alfeu, e Tadeu;
Simão, o zelote; e Judas Iscariotes, que o traiu.
Mateus 10:1-4

Os zelotes eram uma seita ameaçadoramente militante do judaísmo cujos membros assassinavam *tanto* líderes romanos *quanto* líderes judeus, os quais eles acreditavam estar (1) colaborando com a ocupação da terra por Roma ou (2) acomodando-se muito prontamente às exigências de Roma. E Simão Z era recém-saído do grupo do esquadrão da morte, motivo pelo qual seu nome passou a ser Simão, o zelote.

Você gostaria de ser lembrado pela pessoa que era *antes* de conhecer Jesus? É claro que não; nem os discípulos gostariam, porque teria sido mais ou menos assim: Maria Madalena, a endemoniada; Mateus, o cobrador de impostos traidor; Natanael, o grosseiro e meio racista; Simão, o quase sempre emocionalmente instável. Você entendeu a ideia. Não, de modo geral, não gostamos de nos lembrar de nossos "antes", porque essa parte da história é normalmente absorvida pelo perdão, redenção e graça de Deus. É intencionalmente esquecida por Deus. E, quando seguimos Jesus, tornamo-nos mais parecidos-com ele e menos parecidos com o que éramos *antes*.

Mas o antes de Simão Z tem um propósito interessante porque, no geral, os zelotes ansiavam por algumas coisas certas. Queriam ver Israel restaurado e o Messias, o Escolhido de Deus, em seu trono, reinando com justiça para todos. Queriam intimidade com Deus. Eram zelosos por ele, por liberdade e pela volta do modo com que as coisas foram criadas para ser, pois eram todas coisas boas. Infelizmente, os zelotes estavam mergulhados no pecado, mal orientados e simplesmente equivocados na interpretação das Escrituras, o que não era nada bom.

Sou eu, eu mesmo, aquele que apaga as suas transgressões por amor de mim e que dos seus pecados já não se lembra.
Isaías 43:25

Não nos trata conforme os nossos pecados, nem nos retribui conforme as nossas iniquidades. Pois quanto os céus se elevam acima da terra, assim é grande o seu amor para com os que o temem; como o oriente está longe do ocidente, assim ele afasta para longe de nós as nossas transgressões.
Salmos 103:10-12

No entanto, bem-aventurados os que têm fome e sede de justiça. Bem-aventurados os que buscam. Bem-aventurados os que desejam que o lugar apropriado de Deus no coração dos homens e mulheres seja restaurado. E bem-aventurado Simão, o zelote, que ansiava pela coisa certa no lugar errado, mas que foi misericordiosamente escolhido e *corrigido* pelo único que poderia fazer isso.

Justiça: postura correta diante de Deus.

Peçam, e será dado a vocês; busquem e vocês encontrarão; batam, e a porta será aberta a vocês. Pois todo aquele que pede recebe; o que busca encontra; e, àquele que bate, a porta será aberta.
Mateus 7:7-8

Sua vez

2. O que significa ter fome e sede de justiça?

3. Imagine os primeiros dias de Simão Z com Jesus: um jovem corajoso, irrequieto, apaixonado e bravo passando horas a fio com o Messias prometido que ele havia aguardado. No entanto, em vez de satisfazer a sede de Simão de vingar-se

O Rei responderá: 'Em verdade lhes digo que tudo o que vocês fizeram a algum desses meus pequenos irmãos, a mim o fizeram.
Mateus 25:40

Para os *nerds* da Bíblia (como nós) que querem saber

Vários lugares na Escritura usam a metáfora da fome e da sede para descrever o nosso desejo pelas coisas de Deus:

"Como o cervo anseia por águas correntes, a minha alma anseia por ti, ó Deus. A minha alma tem sede de Deus, do Deus vivo." (Salmos 42:1-2); "Ó Deus, tu és o meu Deus, eu te busco intensamente; a minha alma tem sede de ti! Todo o meu ser anseia por ti como em uma terra seca, exausta e sem água." (Salmos 63:1); "'[...] enviarei fome a toda esta terra; não fome de comida nem sede de água, mas de ouvir as palavras do SENHOR.'" (Amós 8:11)

dos romanos e seu desejo de ver Israel reintegrado como uma nação livre e autônoma, Jesus recrutou Simão para ouvir, aprender e servir o menor deles.

Imagine... só isso.

4. Leia os versículos a seguir e sublinhe as maneiras que podemos buscar justiça, prestando atenção especial ao que o texto diz a respeito de nosso comportamento em relação aos outros (o que, para constar, inclui nosso comportamento nas plataformas de rede social).

> Fuja das paixões da mocidade e busque a justiça, a fé, o amor e a paz, com aqueles que, de coração puro, invocam o Senhor. Evite as controvérsias tolas e insolentes, pois você sabe que acabam em brigas. Ao servo do Senhor não convém brigar, mas sim ser amável para com todos, apto para ensinar, tolerante. Deve corrigir com mansidão os que se opõem a ele, na esperança de que Deus lhes conceda o arrependimento, levando-os ao conhecimento da verdade, para que, assim, voltem à sobriedade e escapem da cilada do Diabo, que os aprisionou para fazerem a vontade dele.
> 2Timóteo 2:22-26

Jesus entra em cena

> Há em Jerusalém, perto da porta das Ovelhas, um tanque com cinco entradas ao redor, o qual, em hebraico, é chamado Betesda. Ali costumava ficar um grande número de pessoas doentes e inválidas: cegos, mancos e paralíticos. Um dos que estavam ali era paralítico fazia trinta e oito anos. Quando o viu deitado e soube que ele vivia naquele estado havia tanto tempo, Jesus lhe perguntou: — **Você quer ser curado?** O paralítico disse: — Senhor, não tenho ninguém que me ajude a entrar no tanque quando a água é agitada. Enquanto estou tentando entrar, outro chega antes de mim. Então, Jesus lhe disse: — Levante-se! Pegue a sua maca e ande. Imediatamente, o homem ficou curado, pegou a maca e começou a andar. [...]
> João 5:2-9

Embora os zelotes estivessem guerreando, Simão Z observava porque Jesus estava libertando seus semelhantes de uma forma que ele nunca imaginara. Sim, os coxos foram feitos para andar, e os cegos foram feitos para enxergar, mas Jesus estava também instaurando um tipo totalmente novo de paz — uma cura espiritual que ofuscava até a hostilidade da ocupação romana. Como o homem à beira do tanque de Betesda, Simão havia procurado a coisa certa no lugar errado. Mas isso não impediu Jesus de entrar em ação.

"Você quer ser curado?"

Que pergunta estranha, porque é claro que o homem queria ser curado. Todas as pessoas naquele lugar que sofriam fisicamente queriam ser curadas, por isso estavam ali. Mas aparentemente nenhuma notou a presença daquele que era *verdadeiramente* capaz de curá-las. Jesus caminhou entre elas — os enfermos, os surdos, os cegos e os coxos —, mas elas concentravam seu tempo, energia e esperança na água. Não deve nos causar estranheza, porque fazemos o mesmo. Nós, humanos, concentramo-nos nas coisas que imaginamos nos fazer felizes, nas coisas que decidimos que necessitamos nesta vida, ao passo que Jesus nos oferece gratuitamente a satisfação e a paz verdadeiras pelas quais nosso coração anseia.

Simão tinha sede de coisas boas — de justiça pessoal e de que o povo de Deus fosse restaurado em sua própria terra, tendo o Messias como seu rei. Até ele conhecer Jesus, que era a resposta para todas essas coisas. E foi por isso que Simão, o zelote, se tornou Simão, o satisfeito, tendo seus desejos e anseios reorganizados e transformados por aquele a quem ele seguiu. E o resultado foi um contentamento tranquilo não encontrado em nenhum lugar da terra.

Não em um partido político.

Não no dinheiro.

Não em relacionamentos.

Não em realizações, honras ou redes sociais.

Somente em Jesus.

Esse conhecimento deve mudar tudo. É claro que a justiça suprema — aquela em que o bem prevalece sobre o mal para sempre — será finalmente encontrada no reino consumado de Deus, que ele porá em execução em seu tempo e à sua maneira; isto é, na segunda vinda de Jesus. (#VemDepressaSenhor... porque as coisas estão muito confusas aqui!) Mas, nesse meio-tempo, bem-aventurados os que têm fome e sede de Deus e de sua justiça porque **serão satisfeitos** aqui e agora e no porvir.

Consumado: completo, em estado perfeito.

Porque, dada a ordem, com a voz do arcanjo e o ressoar da trombeta de Deus, o próprio Senhor descerá dos céus, e os mortos em Cristo ressuscitarão primeiro. Depois, nós, os que estivermos vivos, seremos arrebatados com eles nas nuvens, para o encontro com o Senhor nos ares. Assim, estaremos com o Senhor para sempre.
1Tessalonicenses 4:16-17

Satisfação em Jesus
=
Não buscar mais nada

Aquele que é a Palavra tornou-se carne e viveu entre nós. Vimos a sua glória, glória como do Unigênito vindo do Pai, cheio de graça e de verdade.
João 1:14

Para os *nerds* da Bíblia (como nós) que querem saber

"A Palavra" = Jesus Cristo

Tanto Gênesis quanto Salmos nos dizem que Deus falou e o mundo passou a existir (Gênesis 1; Salmos 33).

Posteriormente, João escreveu seu Evangelho em grego, a língua que usa "palavra" *logos* para descrever o motivo divino e que dá ao mundo forma e significado; o princípio organizador eterno da própria existência.

Faz sentido, portanto, João ter mesclado essas duas ideias usando o vocábulo pitoresco "Palavra" para designar Cristo, que sempre existiu e estava presente na criação do mundo.

Então, Jesus declarou: — Eu sou o pão da vida. Aquele que vem a mim nunca terá fome; aquele que crê em mim nunca terá sede.

João 6:35

Jesus respondeu: — Eu sou o caminho, a verdade e a vida. Ninguém vem ao Pai, a não ser por mim.

João 14:6

Não há salvação em nenhum outro, pois debaixo do céu não há nenhum outro nome dado aos homens pelo qual devamos ser salvos.

Atos 4:12

Satisfação em Jesus
=
Não lutar mais por coisas que desaparecem, desbotam, apodrecem e enferrujam.

"Ergam os olhos para os céus, olhem para baixo, para a terra; os céus desaparecerão como fumaça, a terra se gastará como uma roupa e os seus habitantes morrerão como moscas, mas a minha salvação durará para sempre, a minha retidão jamais falhará."

Isaías 51:6

Falhará: declinará, diminuirá, desaparecerá.

Jesus respondeu: — Quem beber desta água terá sede outra vez, mas quem beber da água que eu lhe der nunca mais terá sede.

Ao contrário, a água que eu lhe der se tornará nele
uma fonte de água a jorrar para a vida eterna.
João 4:13-14

— Não acumulem para você tesouros na terra, onde a traça e a ferrugem destroem e onde os ladrões arrombam e furtam. Mas acumulem para vocês tesouros nos céus, onde a traça e a ferrugem não destroem e onde os ladrões não arrombam nem furtam. Pois, onde estiver o seu tesouro, ali também estará o seu coração.
Mateus 6:19-21

— Os céus e a terra passarão, mas as minhas palavras jamais passarão.
Marcos 13:31

Satisfação em Jesus
=
Refrigério contínuo

"O Senhor o guiará constantemente; satisfará os seus desejos em uma terra ressequida pelo sol e fortalecerá os seus ossos. Você será como um jardim bem regado, com uma fonte cujas águas nunca faltam."
Isaías 58:11

"Vou compensar vocês pelos anos de colheitas que os gafanhotos destruíram: o gafanhoto migrador, o gafanhoto devastador, o gafanhoto devorador

e o gafanhoto cortador; o meu grande exército que enviei contra vocês. Vocês comerão até se saciarem e louvarão o nome do SENHOR, o seu Deus, que fez maravilhas em favor de vocês. Nunca mais o meu povo será humilhado."
Joel 2:25-26

— Venham a mim todos os que estão cansados e sobrecarregados, e eu darei descanso a vocês. Tomem sobre vocês o meu jugo e aprendam de mim, porque sou manso e humilde de coração, e vocês encontrarão descanso para a alma. Pois o meu jugo é suave, e o meu fardo é leve.
Mateus 11:28-30

Portanto, se alguém está em Cristo, é uma nova criação. As coisas antigas já passaram; eis que se fizeram novas!
2Coríntios 5:17

Satisfação em Jesus
=
Esperança e alegria, apesar do caos

Tu me farás conhecer o caminho da vida, há alegria plena na tua presença, eternos prazeres à tua direita.
Salmos 16:11

— Deixo com vocês a paz; a minha paz dou a vocês. Não a dou como o mundo a dá. Não se perturbe o coração de vocês nem tenham medo.
João 14:27

Que o Deus da esperança os encha de toda alegria e paz por crerem nele, para que vocês **transbordem na esperança** e no poder do Espírito Santo.

Romanos 15:13

Sua vez

5. Com base nos versículos anteriores, descreva o favor de Deus para com aqueles que têm fome e sede de justiça.

6. Leia 2Pedro 3:11-13 e responda à pergunta feita:

"Que tipo de pessoas é necessário que vocês sejam?" (Dica... a resposta está no versículo 13.)

7. Como as palavras "esperando o dia de Deus e apressando sua vinda" mudam a maneira de você ver a cultura e reagir a ela, às suas circunstâncias e às suas esperanças e sonhos terrenos, quer tenham sido realizados, quer não?

8. Mesmo depois que nos entregamos a Jesus, podemos frustrar seu favor em nossa vida. De que maneira você está recusando a paz de Deus e a satisfação da alma? Talvez a melhor pergunta seja:

Você quer ser curado?

CENA EXTERNA — TANQUE DE BETESDA

(O local está particularmente silencioso para o Shabat. Jesus e três outros se aproximam do tanque de arenito.)

SIMÃO: Toda essa confusão por causa disso? Um *mikvê* enorme?

JOÃO: Eu tenho o pressentimento de que ainda não vimos tudo.

(Enquanto eles descem a escada, uma cena perturbadora se espalha diante deles. Corpos fraturados, coxos, deformados. Pessoas doentes em estado terminal. Leprosos. Ah, os leprosos. Muitos não conseguem movimentar-se sozinhos. Mateus cobre o nariz. Jesus assimila a cena. Não está surpreso, mas comovido. Entre o grupo de sofredores desamparados, sem esperança e a maioria deles imóvel, Jesus avista Jessé.)

JESUS: É ele.

SIMÃO: Quem?

JESUS: Ele. Aquele que está aqui há mais tempo, mas não devia estar. Aquele homem triste.

SIMÃO: Por que eu tenho a impressão de que isto não é apenas uma conversa? Precisamos ficar atentos?

JESUS: Não. Apenas fiquem comigo e observem.

(Jesus se aproxima de Jessé.)

JESUS *(continuando)*: Shalom.

JESSÉ *(vendo Jesus em pé ao lado dele)*: Eu?

(João e Mateus se entreolham e sorriem.)

JESUS: Sim.

JESSÉ: Shalom.

JESUS: Eu tenho uma pergunta para você.

(O inválido olha para cima, intrigado.)

JESSÉ: Para mim? *(Jesus fixa o olhar nele.)* Eu não tenho muitas respostas, mas... estou ouvindo.

JESUS: Você quer ser curado?

JESSÉ *(confuso)*: Quem é você?

JESUS: Conversamos sobre isso depois. Mas a pergunta continua.

JESSÉ *(esperançoso)*: Você vai me levar até a água?

(Jesus balança a cabeça negativamente.)

JESSÉ *(continuando)*: Veja, eu estou tendo um dia muito ruim.

JESUS: Faz muito tempo que você está tendo um dia ruim. E então?

JESSÉ: Senhor, eu não tenho ninguém que me ajude a entrar no tanque quando a água se agita, e quando chego perto... os outros chegam antes de mim. E assim...

JESUS *(ajoelhando-se, olho no olho)*: Olhe para mim. Olhe para mim. Não foi o que eu perguntei. Não estou perguntando quem está ajudando ou não está ajudando, nem quem está atrapalhando... Estou perguntando sobre você.

JESSÉ *(entre lágrimas)*: Eu estou tentando.

JESUS: Por muito tempo, eu sei. E você não quer falsas esperanças de novo, eu entendo. Mas este tanque não tem nada para você; não significa nada e você sabe. Mas você continua aqui. Por quê?

JESSÉ *(sussurrando)*: Eu não sei.

JESUS: Você não precisa deste tanque. Você só precisa de mim. Então... você quer ser curado?

(Jessé olha nos olhos de Jesus... as lágrimas aumentam. Ele não precisa dizer sim.)

JESUS: Então, vamos. Levante-se, pegue a sua maca e ande.

Foco da oração

Converse com Deus sobre as coisas das quais você tem fome e sede. Peça ao Senhor que lhe perdoe pelas vezes em que você procurou coisas boas ou certas em caminhos ou lugares errados. Agradeça-lhe por suprir todas as suas necessidades e oferecer a você uma vida com o propósito de segui-lo. Peça-lhe que o capacite por meio do Espírito Santo a ter fome e sede de justiça de modo tão completo que você a busque nos caminhos certos e nos lugares certos — e que, em última análise, busque cada vez mais somente a ele.

Modelo de oração

Amado Senhor,

Há dentro de mim um grande desejo de fazer diferença no mundo. Mesmo que seja um pequeno impacto, quero que minha vida tenha significado e influencie os outros para o bem. Mas admito que às vezes meus desejos conflitantes atrapalham. Perdoa-me, por favor. Sou grato porque me convences de meus pecados e me guias para caminhar sempre em tua direção e para as coisas que são do teu interesse. Que teu Santo Espírito opere em mim para que eu deseje o que é certo a fim de encontrar satisfação, significado, descanso e esperança em ti.

Amém.

Líderes religiosos do primeiro século no judaísmo

O *templo* era o centro oficial de adoração do judaísmo, onde os sacerdotes realizavam vários sacrifícios e cerimônias descritos para o Israel do Antigo Testamento. Era o local de domínio dos levitas e dos sacerdotes. Os ***levitas*** — descendentes da tribo israelita de Levi — desempenhavam várias funções como assistentes do sacerdócio judaico. Os ***sacerdotes***, que dirigiam as atividades de adoração no templo, eram também levitas, mas de um ramo específico dos descendentes de Arão. Arão, irmão de Moisés, foi o primeiro ***sumo sacerdote*** de Israel (Êxodo 28).

O templo de Jerusalém era dominado pelos sacerdotes, mas as ***sinagogas*** locais se destinavam a pessoas comuns para estudo da Escritura e oração, sem a necessidade de fazer a longa viagem até o templo de Jerusalém. Com a liderança levítica envolvida no sistema oficial do templo, as sinagogas locais eram geralmente dirigidas por leigos: saduceus e fariseus.

De origem incerta, o partido dos ***saduceus*** do primeiro século tendia a ser mais prontamente aceito pelo governo romano. Contente com o andamento das coisas, esse grupo considerava o Pentateuco (os cinco primeiros livros escritos por Moisés) como a Escritura oficial, sem demonstrar interesse por uma figura messiânica que viria resgatar os judeus. Os saduceus também negavam a vida após a morte, a ressurreição física e os seres espirituais (Mateus 22:23; Marcos 12:18; Lucas 20:27; Atos 23:8).

Talvez os leitores do Novo Testamento fiquem surpresos ao saber que os ***fariseus*** eram geralmente bem-intencionados, interessados em aplicar a Bíblia à sua vida cotidiana. Os fariseus acreditavam na Bíblia e eram extremamente respeitados. Consideravam toda a Escritura hebraica como a Palavra de Deus e desejavam manter uma vida de pureza observando a lei. Ao contrário dos saduceus, afirmavam que havia vida após a morte, ressurreição física e seres espirituais (Atos 23:8). É importante notar que a contestação de Jesus aos fariseus não se referia muito ao objetivo deles de ter uma vida santa, mas à sua maneira hipócrita de favorecer as próprias tradições orais (leis feitas por homens) em detrimento da intenção verdadeira da lei escrita (Mateus 15:1-20; 23:1-36; Marcos 7:1-23; Lucas 11:37-54).

Roma entendia a importância da fé para os judeus, portanto permitia a eles uma dose de autogovernança cultural por meio do ***Sinédrio***, o conselho dos principais líderes do povo judeu. Na época do Novo Testamento, o Sinédrio consistia em 71 líderes e sacerdotes sob a liderança suprema do sumo sacerdote. Dentro dos limites concedidos por Roma, esse grupo exercia uma supervisão abrangente dos assuntos legais e religiosos judaicos. Embora os membros do Sinédrio pudessem ser saduceus ou fariseus, na época do Novo Testamento os saduceus dominavam o conselho (Atos 4:1-22, 5:17-27). Evidentemente, como ocorre com qualquer instituição humana (incluindo as com finalidades religiosas), o Sinédrio estava sujeito a influências pecaminosas e motivações corruptas.

Bem, é isso... porque provavelmente essas informações sobre os líderes religiosos do primeiro século vão muito além das que você jamais quis saber.

Quinta lição

OS MISERICORDIOSOS
e sua missão

"Bem-aventurados os misericordiosos, pois obterão misericórdia."

Mateus 5:7

CENA INTERNA — TEMPLO DE JERUSALÉM (COMPARTIMENTO DOS ÓLEOS)

(No compartimento dos óleos dentro dos pátios do templo, Yanni e Shmuel interrogam Jessé, um homem recentemente curado. Como que repetindo a pergunta...)

YANNI: Ele disse qual era o nome dele?!

JESSÉ: Jesus.

YANNI: Jesus de quê? De onde?

SHMUEL: Linhagem? Origem?

JESSÉ *(em tom sarcástico)*: Seu prato favorito? Ele só disse o nome dele. Só isso.

YANNI: Havia um milhão de judeus aqui para a festa, milhares que se chamavam Jesus.

SHMUEL: Jessé, pare de andar de um lado para o outro.

JESSÉ: Com todo o respeito, rabino, faz trinta e oito anos que não me movimento.

YANNI: Conte-nos exatamente o que ele disse. *(sem olhar para Jessé)* De novo!

JESSÉ: Ele me disse "vá e não peque mais", que o resultado do pecado é muito pior do que ser aleijado.

YANNI: E você pegou a sua maca.

JESSÉ *(após uma pausa)*: Depois que ele me curou, sim. Mas ele também me encontrou hoje mais cedo.

SHMUEL: Havia alguém com ele?

JESSÉ *(puxando pela memória)*: Três homens? Um estava tomando notas. Acho que o outro me disse algumas palavras enquanto Jesus desaparecia. Não me lembro de quase nada — minhas PERNAS!

(Jessé perde-se nos pensamentos, devaneia.)

SHMUEL: Jessé?

JESSÉ *(voltando ao momento atual)*: O outro disse alguma coisa. Mas, na hora em que você parou de gritar comigo, todos haviam ido embora.

SHMUEL: Pense! O que ele lhe disse hoje?

(Jessé esforça-se para lembrar. Depois, inseguro...)

JESSÉ: Eles estavam indo ver... o primo de Jesus? Eu acho.

(Shmuel vira-se para Yanni com firmeza.)

SHMUEL: Era ele. Era Jesus de Nazaré.

Religiosidade

budistas · católico · hindus · muitos outros · muçulmanos

Mantos extravagantes e coberturas de cabeça definitivamente diferenciam os líderes religiosos. O papa é talvez o mais identificável, mas há também os imames, lamas, pujaris e sacerdotes. Quando vestidos de acordo com a função que ocupam, é possível distingui-los a um quilômetro de distância, porque mostram quais são as suas ideias sobre a vida. Ei, não, deixam literalmente claras as suas ideias.

Muito menos óbvias são as pessoas piedosas nas roupas que usam nas ruas. Embora sejam sinceras no que acreditam, como o personagem fictício Shmuel, elas se destacam em coisas menores. Concentram-se exageradamente no comportamento exterior — em regras, regulamentos e rituais — e se esquecem do interior. Mas a religião, separadamente de Jesus, tem uma forma de endurecer nosso coração e calcificar nossos pecados ocultos, como orgulho, egocentrismo, julgamento e falta de perdão — só para citar alguns, sem mencionar o estrago que essa religiosidade faz nas próprias pessoas que Jesus veio salvar. Mas falaremos um pouco mais delas daqui a pouco.

Religião = tentativa da humanidade de alcançar Deus.

Relacionamento com Jesus = tentativa de Deus de alcançar a humanidade.

A verdade é esta: não é necessário vestir um manto negro para ser um Shmuel. Por nossa própria natureza, julgamos os outros com rigor, apegamo-nos a reclamações e às vezes até deixamos de nos relacionar com pessoas que julgamos não merecer nosso tempo ou atenção — e quase sempre em nome da religião. Para os cristãos, isso é totalmente irônico, se considerarmos nossa necessidade desesperada da misericórdia de Deus que nos atraiu a ele em primeiro lugar.

Sua vez

1. De que maneiras você é um shmuel?

Memória seletiva

— Ai de vocês, mestres da lei e fariseus, hipócritas! Pois vocês dão o dízimo da hortelã, do endro e do cominho, mas têm negligenciado os preceitos mais importantes da lei: a justiça, a misericórdia e a fidelidade. Vocês devem praticar estas coisas sem negligenciar aquelas.

Mateus 23:23

A quinta bem-aventurança do SDM evidencia uma ligeira mudança de direção. As quatro primeiras bem-aventuranças concentram-se na transformação individual que resulta da obra e do favor de Deus em nossa vida. As últimas quatro concentram-se em nossa interação com os outros que resulta da obra e favor de Deus em nossa vida — começando por ser misericordioso. Um fato digno de

Para que você não pense que Mateus 23:23 não se aplica a você...

Hipocrisia: afirmar ter padrões morais ou crenças aos quais o próprio comportamento nem sempre se amolda.

Significa que todo ser humano na história dos humanos foi hipócrita em uma ocasião ou outra.

Dízimo: um décimo da produção ou ganho de uma pessoa.

Propiciação: apaziguar Deus; expiar.

Expiação: ato ou efeito de ressarcir.

Ressarcir: estamos brincando... vamos parar por aqui, porque você pode consultar a internet caso desconheça o significado de alguma palavra.

nota é que a única outra vez que o Novo Testamento usa esse adjetivo é na descrição de Jesus em Hebreus 2:17: "Por essa razão, ele deveria ser semelhante aos seus irmãos em todos os aspectos, para se tornar sumo sacerdote misericordioso e fiel com relação a Deus e fazer expiação [propiciação] pelos pecados do povo." Como povo escolhido de Deus e como resultado de seu favor para conosco, tornamo-nos mais semelhantes a Jesus quando o seguimos. Significa que, por sua misericórdia, ele nos torna misericordiosos.

"Como você pode dizer ao seu irmão: 'Deixe-me tirar o cisco do seu olho', quando há uma VIGA no seu?" Mateus 7:4

Dito isso, havia uma triste e grande divisão entre o modo com que Jesus tratava o povo e o modo com que os líderes religiosos de seu tempo tratavam o povo. Repetidas vezes, eles colocavam as ações religiosas públicas (oração, dízimo, sacrifícios) acima das *inter*ações particulares, pessoais — com Deus e com seus companheiros cristãos. Preocupavam-se mais com o fato de serem vistos, honrados e separados (Mateus 23:1-12) do que com questões do coração, sempre priorizando as deles próprios. Tinham mais propensão a castigar quando as pessoas transgrediam as leis do que mostrar misericórdia quando elas se arrependiam. A propósito, as leis de Deus eram transmitidas com amor. Visavam ao nosso bem — para agirem como grades de defesa a fim de nos proteger, conduzir e nos manter perto dele e uns dos outros. Mas nas mãos de homens pecadores, as leis de Deus tornaram-se porretes de poder usados para elevar alguns e envergonhar outros. Para usar a *lei* de Deus como um martelo.

Leis de Deus = os Dez Mandamentos

Religião como essa não atrai as pessoas. Afugenta-as.

Para os *nerds* da Bíblia (como nós) que querem saber

O substantivo misericórdia é mais comum no Novo Testamento (usado 27 vezes). No Evangelho de Mateus, Jesus diz que Deus tem em alta conta a misericórdia e deseja transmitir misericórdia à humanidade:

"Vão e aprendam o que significa isto: 'Desejo misericórdia, não sacrifícios.' Pois eu não vim chamar justos, mas pecadores." (Mateus 9:13, citando Oseias 6:6)

"Se soubessem o que significa isto: 'Desejo misericórdia, não sacrifícios', não teriam condenado inocentes." (Mateus 12:7, citando Oseias 6:6)

Ironicamente, mostrar misericórdia é uma indicação exterior do relacionamento correto de uma pessoa com Deus, "pois a boca fala do que está cheio o coração" (Lucas 6:45).

> Não há nenhum justo, nem um sequer.
> Romanos 3:10

Como Shmuel, nosso coração e prioridades ficam todos perturbados, principalmente quando esquecemos quanto fomos perdoados. Julgamos os outros com rapidez, sem conhecer os fatos, com severidade. Jogamos palavras descuidadamente ou retemos palavras positivas. Agimos como se fôssemos boas pessoas quando, na verdade, não o somos, e, em vez de testemunhar a misericórdia de Deus e as mudanças que ele realizou em nossa vida, buscamos glória para nós. Quando, porém, fazemos uma pausa para nos lembrar da grande misericórdia de Deus em relação a nós **e passamos a ter uma postura correta de humildade**, começamos a interagir com as pessoas de uma forma totalmente nova.

Afinal, como diz o ditado:

O chão ao pé da cruz é nivelado.

Sua vez

2. De que maneiras Deus tem lhe mostrado misericórdia?

3. Quando você costuma deixar de mostrar misericórdia e por quê? Seja corajoso e responda com sinceridade e detalhes.

4. Leia Mateus 5:43-48 e Lucas 6:32-36. De acordo com esses versículos, com quem você deve ser misericordioso?

Sumo sacerdote

— Por isso, o reino dos céus é como um rei que desejava acertar contas com os seus servos. Quando começou o acerto, foi trazido à sua presença um que lhe devia dez mil talentos. Como não tinha condições de pagar, o senhor ordenou que ele, a sua mulher, os seus filhos e tudo o que ele possuía fossem vendidos para pagar a dívida.

— O servo prostrou-se diante dele e implorou: "Tem paciência comigo, e tudo te pagarei." **O senhor daquele servo teve compaixão dele, cancelou a dívida e o deixou ir.**

— Mas, quando aquele servo saiu, encontrou um dos seus conservos que lhe devia cem denários. Ele o agarrou e começou a sufocá-lo, dizendo: "Pague o que me deve!." — Então, o seu conservo caiu de joelhos e implorou-lhe: "Tenha paciência comigo e pagarei a você." — Ele, porém, não quis. Antes, saiu e mandou lançá-lo na prisão, até que pagasse a dívida. Quando os servos que eram companheiros dele viram o que havia acontecido, ficaram muito tristes e foram contar tudo ao seu senhor.

— Então, o senhor chamou o servo e disse: "Servo mau, cancelei toda a sua dívida porque você me implorou. Não deveria você ter tido misericórdia do seu conservo, como eu tive de você?" Irado, o seu senhor entregou-o aos torturadores, até que pagasse tudo o que devia.

— Assim também fará o meu Pai celestial a vocês se cada um não perdoar de coração o seu irmão.

Mateus 18:23-35

Não se deixem enganar: de Deus não se zomba. Pois o que o homem semear, isso também colherá. Quem semeia para a sua própria carne, da carne colherá destruição; contudo, quem semeia para o Espírito, do Espírito colherá a vida eterna.
Gálatas 6:7-8

Sem comentários. Em um estudo bíblico sobre o favor de Deus que está sendo derramado atualmente, com generosidade e por toda a eternidade sobre seu povo escolhido, Mateus 18:35 atinge em cheio — o que é bom, para não esquecermos com Quem estamos lidamos.

Porque, embora seja verdade que Deus é misericordioso para conosco — que ele perdoa os que se arrependem, que nos carrega para seguirmos em frente e que seu amor vai além do que nossa mente é capaz de compreender —, é verdade também que sua misericórdia não deve ser menosprezada.

Bem-aventurados os misericordiosos, pois obterão misericórdia. Isso é verdade. Aleluia! Mas, de acordo com a parábola que Jesus contou em Mateus 18, ai daqueles que *não* são misericordiosos, porque está chegando o dia em que enfrentaremos o Deus de misericórdia e justiça. Assim como um pai motiva o filho com recompensas e consequências, nosso Pai celestial faz o mesmo. Quer receber misericórdia continuamente? Seja misericordioso, porque os filhos de Deus recebem misericórdia em doses infinitas com o propósito de distribuí-la por onde andam. É um dom gratuito *e* um prêmio prometido. Outra verdade? Retenha a misericórdia, e Deus reterá a misericórdia de você.

O rei perdoou uma dívida enorme — equivalente a cerca de 3 bilhões de dólares! — que o servo impiedoso não poderia pagar nunca.

O servo se recusou a perdoar uma dívida muito pequena de seu conservo — equivalente a cerca de 5 mil dólares.

O rei ficou aborrecido porque o servo impiedoso não mudou de conduta depois de ter recebido seu perdão misericordioso. Ao contrário, o servo estava, na verdade, representando mal o seu senhor, até manchando sua reputação por tratar os outros com tanta crueldade.

Os que seguem Jesus são pessoas pecadoras, mas redimidas, portanto grandemente favorecidas. E esse tipo de conhecimento deve mudar tudo. Os escolhidos por Deus recebem sua misericórdia, e vamos continuar a recebê-la, tanto na terra quanto diante do trono do julgamento final de Deus. Nossa única responsabilidade de agora até lá é seguir Jesus, nosso "sumo sacerdote misericordioso e fiel" (Hebreus 2:17). Ir aonde ele vai, fazer o que ele faz e amar quem ele ama. Se fizermos isso, a misericórdia de Deus será derramada em nós e por meio de nós, demonstrando mais uma vez que:

Nada do que fazemos *ou viermos a fazer* impedirá Deus de nos amar... por causa de sua misericórdia.

Para os *nerds* da Bíblia (como nós) que querem saber

Na prática de adoração dos israelitas do Antigo Testamento, o sumo sacerdote é aquele que entrava na presença de Deus no templo para representar o arrependimento do povo de Deus e fazer um sacrifício de expiação pelos seus pecados. Mas, como o supremo sumo sacerdote, a representação da humanidade de Jesus perante Deus é perfeita.

Portanto, é de um sumo sacerdote como este que precisávamos: santo, inculpável, puro, separado dos pecadores, exaltado nas alturas dos céus. Ao contrário dos outros sumos sacerdotes, ele não tem necessidade de oferecer sacrifícios dia após dia, primeiro por seus próprios pecados e, depois, pelos pecados do povo. Ele o fez de uma vez por todas quando ofereceu a si mesmo. (Hebreus 7:26-27)

Jesus não cometeu nenhum pecado que necessitasse de perdão e misericórdia e não necessitava de ninguém para representá-lo diante de Deus. Na verdade, Jesus não é apenas nosso sumo sacerdote. Ele é também o sacrifício e o pagamento perfeito e definitivo pelos nossos pecados. (Veja Hebreus 9:24-28.)

Mas tu, Senhor, és Deus compassivo
e misericordioso, tardio em irar-se e
cheio de amor leal e fidelidade.
Salmos 86:15

Mas nisto Deus demonstra o seu amor
por nós: Cristo morreu em nosso lugar,
apesar de sermos pecadores.
Romanos 5:8

Pois estou convencido de que nem a morte,
nem a vida, nem os anjos, nem os demônios,
nem o presente, nem o futuro, nem poderes,
nem altura, nem profundidade, nem
ninguém em toda a criação será capaz de nos
separar do amor de Deus que está
em Cristo Jesus, o nosso Senhor.
Romanos 8:38-39

O Senhor não demora em cumprir a
sua promessa, como alguns julgam. Ao
contrário, ele é paciente com vocês
e não quer que ninguém pereça, mas que
todos cheguem ao arrependimento.
2Pedro 3:9

A presença de Deus vai adiante de nós,
atrás de nós e ao nosso lado...
por causa de sua misericórdia.

— O próprio Senhor irá à sua frente e **estará com você;** ele nunca o deixará nem o abandonará. Não tenha medo! Não desanime.

Deuteronômio 31:8

O Senhor é o meu pastor; de nada terei falta. Ele me faz repousar em pastagens verdejantes e me conduz a águas tranquilas; restaura-me o vigor. Guia-me pelas veredas da justiça por amor do seu nome. Mesmo que eu ande por um vale de densas trevas, não temerei perigo algum, **pois tu estás comigo**; a tua vara e o teu cajado me confortam.

Salmos 23:1-4

[...] — E **eu estarei sempre com vocês**, até o fim dos tempos.

Mateus 28:20

— E eu pedirei ao Pai, e ele dará a vocês outro Conselheiro, que esteja com vocês para sempre: o Espírito da verdade. O mundo não pode recebê-lo, porque não o vê nem o conhece. Vocês, porém, o conhecem, **pois ele vive com vocês e estará em vocês.**

João 14:16-17

Conseguimos participar dos atos de misericórdia do reino...
por causa de sua misericórdia.

— Um novo mandamento dou a vocês: Amem uns aos outros. Como eu os amei, vocês devem amar uns aos outros. Deste modo todos saberão que são meus discípulos: se vocês amarem uns aos outros.

João 13:34-35

Portanto, como escolhidos de Deus, santos e amados, vistam-se de profunda compaixão, bondade, humildade, mansidão e paciência. Suportem uns aos outros e perdoem as queixas que tiverem uns contra os outros. Perdoem como o Senhor os perdoou. Sobre todas essas coisas, porém, vistam-se do amor, que é o elo perfeito. A paz de Cristo deve ser o juiz no coração de vocês, visto que foram chamados para viver em paz, como membros de um só corpo — e sejam agradecidos. Que a palavra de Cristo habite plenamente em vocês. Ensinem e aconselhem uns aos outros com toda a sabedoria; cantem salmos, hinos e cânticos espirituais a Deus com gratidão no coração. Tudo o que fizerem, seja em palavra, seja em ação, façam-no em nome do Senhor Jesus, dando graças a Deus Pai por meio dele.

Colossenses 3:12-17

Sobretudo, amem sinceramente uns aos outros, porque o amor perdoa uma multidão de pecados.

1Pedro 4:8

Quanto a vocês, amados, edifiquem-se na santíssima fé que vocês têm, orando no Espírito Santo. Mantenham-se no amor de Deus, enquanto aguardam a misericórdia do nosso Senhor Jesus Cristo para a vida eterna. Tenham compaixão daqueles que duvidam; salvem outros, arrebatando-os do fogo; a outros, ainda, mostrem misericórdia, com temor, odiando até a roupa contaminada pela carne.

Judas 20-23

Estamos sendo refeitos
à imagem de Cristo...
por causa de sua misericórdia.

Assim, todos nós, que com a face descoberta contemplamos a glória do Senhor, estamos sendo transformados segundo a sua imagem com glória cada vez maior, a qual vem do Senhor, que é o Espírito.

2Coríntios 3:18

Portanto, se alguém está em Cristo, é uma nova criação. As coisas antigas já passaram; eis que se fizeram novas!

2Coríntios 5:17

Estou crucificado com Cristo. Assim, já não sou eu quem vive, mas Cristo vive em mim. A vida que agora vivo no corpo, vivo-a pela fé no Filho de Deus, que me amou e se entregou por mim.

Gálatas 2:20

Amados, agora somos filhos de Deus, e ainda não se manifestou o que haveremos de ser. Mas sabemos que, quando ele se manifestar, seremos semelhantes a ele, pois o veremos como ele é.

1João 3:2

Sua vez

5. Com base nos versículos anteriores, descreva o favor de Deus para com os misericordiosos.

6. Leia Tiago 2:12-13. Como esses versículos podem ser tanto uma advertência quanto uma promessa?

7. Leia 1Pedro 1:3-5 a seguir e sublinhe todas as maneiras em que Deus tem sido e continua a ser misericordioso com você:

> Bendito seja o Deus e Pai do nosso Senhor Jesus Cristo! Conforme a sua grande misericórdia, ele nos regenerou para uma esperança viva, por meio da ressurreição de Jesus Cristo dentre os mortos, para uma herança que jamais poderá perecer, macular-se ou desvanecer. Essa herança está guardada nos céus para vocês, que, mediante a fé, são protegidos pelo poder de Deus até chegar a salvação que está prestes a ser revelada no último tempo.

8. A misericórdia de Deus não é conquistada por nosso comportamento misericordioso. Ao contrário, recebemos sua misericórdia *e então reagimos* estendendo misericórdia aos outros. Neste exato momento, a quem e como o Espírito Santo o está levando a mostrar misericórdia?

CENA EXTERNA — RIO JORDÃO

(Simão Z e Jesus caminham ao longo da margem do Jordão.)

SIMÃO Z: Por que o Jessé? Por que o meu irmão, entre todos?

JESUS: O homem sofreu terrivelmente por trinta e oito anos. É muito tempo.

E como eu poderia chamar a sua atenção?

SIMÃO Z: Minha atenção?

JESUS *(faz uma pausa)*: A sua ordem o treinou para ser destemido, não?

SIMÃO Z: Nenhum senhor, a não ser Deus, até a morte.

JESUS: O que eu fiz com seu irmão não é a última confusão que pretendo causar.

(Simão Z está a par disso.)

SIMÃO Z: O senhor é o Messias, não?

JESUS: Sou.

SIMÃO Z *(curvando-se)*: Então, farei tudo o que pedir.

JESUS: Eu peço que compreenda a natureza da minha missão, Simão.

(Simão não sabe o que dizer. E está confuso.)

SIMÃO Z: Sim. Como?

JESUS: Hummm. Como? É verdade. Não é tão fácil com seres humanos distraídos.

SIMÃO Z: Eu treinei durante anos para isso, estou pronto para executar sua missão hoje.

JESUS: Veremos. Mostre-me a arma.

(Com reverência, Simão retira do cinto a sua querida adaga dentro da bainha e a entrega a Jesus.)

JESUS: Impressionante. Impressionante mesmo.

(Depois de fazer uma pausa, Jesus joga a adaga com a bainha no rio. Simão Z arregala os olhos.)

JESUS *(continuando)*: Por essa você não esperava.

SIMÃO Z *(Seus pensamentos voam. O mundo virou de cabeça para baixo, de novo)*: Aquilo não é útil para o senhor?

JESUS: Tenho uma adaga melhor... você vai ver. Temos muita coisa para discutir, tenha paciência. Você teve uma semana e tanto.

SIMÃO Z: Sem a minha adaga, por que o senhor precisa de alguém como eu?

JESUS: Eu já tenho tudo de que preciso. Mas QUERO você.

SIMÃO Z: Mas por quê?

JESUS: Você não é o único que não entende. Mas não se preocupe. Estou preparando algo para compartilhar com o mundo. Por enquanto, quero ter você ao meu lado, e isso basta. Ninguém entra no nosso grupo por ter habilidades especiais, Simão.

SIMÃO Z *(uma pausa)*: Mestre?

JESUS: Sim, Simão.

SIMÃO Z: Depois do que o senhor fez no tanque naquele dia da festa sagrada, pode haver alguns que queiram... impedir o seu plano. Até alguns que pertencem à minha ordem, principalmente se descobrirem que o senhor tem uma missão diferente.

JESUS: E o que você vai fazer? Impedi-los?

SIMÃO Z: Bom, eu estaria muito mais propenso a fazer isso se o senhor não tivesse jogado a minha adaga no rio.

(Jesus ri. Depois torna-se pensativo.)

JESUS: Bom, se esse dia chegar... acho que vamos descobrir.

Foco da oração

Agradeça a Deus pela misericórdia imerecida que ele lhe mostrou por ter enviado seu Filho, que não tinha nenhum pecado, para morrer em *seu* lugar por *seus* pecados. Agradeça-lhe pela expectativa de sua total misericórdia no futuro quando Jesus voltar. Arrependa-se por não ter mostrado misericórdia aos outros e peça ao Senhor que o Espírito Santo o capacite a ser generoso em misericórdia para expressar tudo o que ele tem feito por você.

Modelo de oração

Amado Deus,

Reconheço que não me tens tratado como mereço por ser um pecador. Ao contrário, por tua misericórdia enviaste Jesus como sacrifício voluntário para assumir o castigo que eu mereço. Não posso receber teu perdão. Jesus, eu te agradeço por pagares com a tua vida a minha dívida. A tua ressurreição me garante que tens poder sobre o pecado e a morte, e aguardo ansiosamente a tua volta quando tua plena misericórdia será expressa por toda a eternidade.

Nesse meio-tempo, Senhor, enquanto me esforço para viver para ti deste lado da eternidade, capacita-me mediante o Espírito Santo a ser misericordioso com os outros como gostarias que eu fosse.

Amém.

Maria Madalena

Com tantas mulheres com o nome de Maria na Bíblia, esta foi diferenciada por sua cidade natal de Magdala — um dos vários povoados de pescadores no mar da Galileia. O que o Novo Testamento nos diz sobre ela é que, antes de conhecer Jesus, ela era uma mulher atormentada, possuída por sete demônios. Jesus os expulsou, e Maria de Magdala tornou-se uma de suas seguidoras dedicadas. Seu pseudônimo na série *The Chosen* é "Lilith" e deriva de uma antiga palavra do Oriente Médio que significa "demônios femininos" ou "espíritos do vento".

Em uma cultura que tendia a considerar que as mulheres tinham menos valor que os homens, Maria, por outro lado, tornou-se uma notável seguidora de Jesus porque (1) estava entre as discípulas que viajaram com ele e sustentaram financeiramente o seu ministério (Lucas 8:1-3), (2) esteve presente na crucificação e no sepultamento de Jesus (Mateus 27:56,61) e (3) foi a primeira a testemunhar o túmulo vazio (João 20:1) e a ver o Cristo ressurreto (João 20:11-18; Mateus 28:1; Marcos 16:1-6).

Sexta lição

OS PUROS DE CORAÇÃO
e cenas invisíveis

"Bem-aventurados os puros de coração, pois verão a Deus."

Mateus 5:8

CENA EXTERNA — RUA DE JERICÓ

(Mateus e Simão andam pela rua. Simão parece exasperado, em choque. Mateus trama alguma coisa.)

MATEUS: Ela não pode ter ido muito longe. Se nos separarmos, vamos cobrir um trecho maior.

SIMÃO: Não vamos fazer isso.

MATEUS: Podemos nos encontrar nos estábulos!

SIMÃO: Você não aprendeu nada lá? Maria com certeza sabe cuidar de si mesma. VOCÊ, não.

MATEUS: E se você fosse separado de Jesus por algo em seu passado? Não gostaria de ajuda para voltar para ele o mais rápido possível?

SIMÃO *(a ideia atinge Simão como uma paulada)*: Tudo bem. Vamos nos separar. *(apontando)* Norte. Leste. Sul. Oeste. Eu vou para o norte...

MARIA MADALENA *(fora da tela)*: Rapazes?

(Eles param e se viram. Maria aparece na tela a 6 metros de distância, sentada em um banco. Embriagada. Balançando o corpo e apertando os olhos por estar vendo dois Mateus e dois Simões.)

MATEUS *(correndo até ela)*: Maria!

MARIA MADALENA: Achei que estava sonhando com vocês.

(Ela fica parada, tomada pela emoção. Seus olhos se enchem de lágrimas. O olhar de Mateus é de plena aceitação. Simão percorre a rua com os olhos para ver se há sinais de perigo.)

SIMÃO: Você consegue andar?

MARIA MADALENA: Não vou a lugar nenhum.

MATEUS: Você precisa voltar.

MARIA MADALENA: Não, não posso.

SIMÃO: Vamos, Maria. Ele pediu que buscássemos você.

MARIA MADALENA: Não. Ele já me consertou uma vez e eu quebrei de novo. Não posso encará-lo.

(Enquanto Maria chora, Simão olha para Mateus, sem saber o que fazer. Mas Mateus ajoelha-se diante de Maria.)

MATEUS: Eu sou uma pessoa má, Maria.

MARIA MADALENA: Mateus...

MATEUS: Minha vida inteira, tudo para mim. Nenhuma fé.

MARIA MADALENA: Eu tenho fé nele, mas não em mim.

MATEUS: Estou aprendendo mais sobre a Torá e Deus por sua causa. Estou estudando mais porque você é uma ótima aluna.

(Mateus olha para Simão com insistência. Diga alguma coisa!)

SIMÃO: Você lembra quando estávamos na casa dos Zebedeus? E eles desceram aquele homem depois de quebrar o telhado da casa deles? Fizemos aquilo juntos. E eles conheceram Jesus porque você cuidou deles e por causa de suas boas ideias.

MATEUS: Ramá está começando a ler e a escrever por sua causa. Você foi salva por ele para fazer todas essas coisas.

(Maria desmorona, cai de joelhos e vomita o veneno que ingeriu nas últimas quarenta e oito horas. Mateus a ampara, segurando seus cabelos enquanto ela tosse e sente náuseas.)

MATEUS *(continuando)*: Está tudo bem... tudo bem.

O jeito que é

Os israelitas do Antigo Testamento sabiam havia muito tempo que qualquer pessoa que olhasse direto para Deus morreria imediatamente. Consciente do próprio pecado e falta de fé, até o profeta Isaías teve medo quando descreveu seu encontro com Deus em uma visão: "Ai de mim! Estou perdido! Pois sou um homem de lábios impuros e vivo no meio de um povo de lábios impuros; os meus olhos viram o Rei, o SENHOR dos Exércitos!" (Isaías 6:5).

Estranho, não? Morte por santidade é um conceito que nós do século 21 temos dificuldade de entender. Mas Deus *é* santo, o que significa que ele nunca pecou. Mais que isso, ele está tão separado do pecado que não pode sequer chegar perto dele. Ele é completamente ***outro*** — transcende totalmente o mundo que ele fez. Portanto, quando desobedecemos às suas leis — isto é, quando pecamos —, separamo-nos do Deus santo que nos ama e destruímos nosso relacionamento, a ponto de não termos esperança de restaurá-lo. E foi exatamente por isso que Jesus se tornou expiação pelos nossos pecados (Romanos 3:25; Hebreus 2:17; 1João 2:2; 4:10). Ele veio para restaurar nosso relacionamento correto com Deus.

Aqui está de novo esta importante palavra bíblica... expiação. Veja, na página 87, se você já esqueceu o que ela significa. ☺

Avançando para os dias de hoje nos quais a maioria da população acredita ser "boa" desde já. Tendemos, claro, a definir nossa própria bondade comparando-nos com pessoas que, ao nosso ver, *não* são boas, preservando, portanto, o bom nome que atribuímos a nós e garantindo nossa posição diante de outras pessoas boas. Mas as outras pessoas não são padrão de bondade; Deus é (Marcos 10:18; Lucas 18:19).

Prostrar: deitar-se no chão com o rosto em terra.

Para os *nerds* da Bíblia (como nós) que querem saber

Logo após a saída extraordinária e milagrosa do Egito ao atravessar o mar Vermelho, Moisés lembrou o medo dos israelitas de ver Deus face a face no monte Sinai (também conhecido como Horebe) quando os Dez Mandamentos lhes foram entregues. Com medo de morrer, eles insistiram em que Moisés os representasse diante de Deus (Êxodo 20:18-21; Deuteronômio 5:1-5). Curiosamente, em suas observações reflexivas, Moisés falou de um representante maior que ainda viria. #Jesus

Quando nos comparamos a elas, estamos, na verdade, justificando nossos pecados e rotulando as partes das Escrituras das quais não gostamos como inaplicáveis ou obsoletas. E afastamo-nos cada vez mais da verdade: devemos nos prostrar diante do Deus Santo do Universo, nos arrependendo de nossos pecados e louvando-o por não nos matar imediatamente.

Foi *àquelas* pessoas — as que sabem que não são boas — que Jesus se referiu no SDM como "puras de coração".

Ah, que ironia!

Sua vez

1. Quando se trata de ser "bom", como você se vê? Sua autopercepção se baseia em quê?

Insegurança e orgulho são os dois lados da mesma moeda porque ambos resultam do autofoco. Quando baseamos nossa identidade em Cristo, entendemos simultaneamente nossa miséria/necessidade de um Salvador e também quanto somos preciosos para Deus, porque ele enviou Jesus para nos salvar.

Mas nisto Deus demonstra o seu amor por nós: Cristo morreu em nosso lugar, apesar de sermos pecadores.
Romanos 5:8

Sábado: prática semanal de abster-se de trabalhar a fim de descansar e dedicar a atenção a Deus e à sua provisão.

O jeito que deve ser

Jesus entrou novamente na sinagoga, e ali havia um homem com uma das mãos atrofiada. Eles observavam Jesus de perto para ver se curaria o homem no sábado, procurando um motivo para acusá-lo. Jesus disse ao homem da mão atrofiada:

— Levante-se e venha para o meio.

Depois, Jesus lhes perguntou:

— O que é permitido fazer no sábado: o bem ou o mal? Salvar a vida ou matar?

Eles, porém, permaneceram em silêncio.

Olhando com raiva para os que estavam

à sua volta e, **profundamente entristecido por causa do coração endurecido deles**, disse ao homem:
— Estenda a mão. Ele a estendeu, e a mão foi restaurada. Naquele momento, os fariseus saíram com os herodianos e começaram a conspirar para matar Jesus.
Marcos 3:1-6

O coração de uma pessoa tinha de ser muito duro para zangar-se com Jesus por ele ter curado em um sábado, não em uma segunda-feira. Mas os fariseus concentravam-se em seguir as leis ao pé da letra, não de acordo com os propósitos da lei de Deus. Apesar de Deus realmente ter ordenado ao Israel do Antigo Testamento que mantivesse determinadas cerimônias e costumes religiosos, tais observações nunca se referiram a meras questões de comportamento externo. Tinham a intenção de **representar a condição do coração de seu povo.** Eram destinadas a ser um derramamento do que já existia dentro, porque a pureza de coração não é medida por leis feitas por homens, nem medida por nossa própria (e inexistente) ausência de pecado.

Os judeus guardavam o sábado desde sexta-feira à noite até o sábado à noite. Hoje os cristãos do Novo Testamento guardam o Shabat no domingo, o dia em que Jesus ressuscitou dentre os mortos.

Graças a Deus.

Infelizmente, de modo semelhante aos fariseus, temos a tendência de nos concentrar no comportamento

Para os *nerds* da Bíblia (como nós) que querem saber

A Escritura tem muito a dizer sobre "dureza de coração". O faraó e os egípcios tinham o coração "endurecido" contra Deus (Êxodo 7—14; 1Samuel 6:6), bem como outras nações inimigas (Deuteronômio 2:30; Josué 11:20). Os israelitas e alguns de seus líderes eram descritos como "tendo endurecido o seu coração, não [querendo] se voltar para o Senhor" (2Crônicas 36:13; Ezequiel 3:7; Zacarias 7:12).

O Evangelho de Marcos utiliza o mesmo tema (Marcos 3:5; 6:52; 8:17; 10:5; 16:14) e o livro de Hebreus chama três vezes a atenção dos leitores para a advertência de Salmos 95:8: "Não endureçam o coração [...]." (Hebreus 3:8,15; 4:7)

Em Romanos 2:5, Paulo abordou a dureza de coração julgadora e hipócrita e advertiu: "Contudo, por causa do seu coração obstinado e sem arrependimento, você está acumulando ira contra você mesmo para o dia da ira de Deus, quando se revelará o seu justo julgamento."

exterior e de dar passe-livre à feiura interior. Podemos não ser culpados de pecados "grandes" como homicídio, mas todos nós somos culpados de violar a lei perfeita e santa de Deus até certo ponto. Na verdade, o Novo Testamento ensina que ser culpado de transgredir uma parte da lei de Deus nos torna culpados de transgredir a lei inteira: "Pois quem obedece a toda a lei, mas tropeça em apenas um ponto, torna-se culpado de quebrá-la inteiramente" (Tiago 2:10). Conclusão: todos nós cometemos pecado na vida, seja qual for o tamanho de nosso amor por Jesus. Reconhecer e lamentar o pecado que nos separa de Deus e *arrepender-se dele* nos torna menos semelhantes aos fariseus hipócritas e mais parecidos com a Maria de coração puro.

Consequentemente, aqueles que muito foram perdoados também muito amam (Lucas 7:47). Maria Madalena pode não ter sido um exemplo de comportamento de acordo com os padrões do mundo — o povo daquela época certamente não a respeitava de maneira alguma —, mas, ao reconhecer sua pobreza espiritual, ela tomou a decisão de seguir Jesus pelo resto da vida. Ela sabia que ele era o caminho, a verdade e a vida (João 14:6) e sabia que todos os outros caminhos a levariam de volta às trevas. Ela era pura de coração, não por causa de algo que fez ou deixou de fazer, não por ser perfeita — com certeza não o era. Todavia, de acordo com os padrões bíblicos, Maria era pura de coração por ter se submetido a Jesus. E *ele* purificou o coração dela,

[...] Não há nenhum justo, nem um sequer.
Romanos 3:10

Pois todos pecaram e estão destituídos da glória de Deus.
Romanos 3:23

Se afirmarmos que temos comunhão com ele, mas andarmos nas trevas, mentimos e não praticamos a verdade. Se, porém, andarmos na luz, como ele está na luz, temos comunhão uns com os outros, e o sangue de Jesus, o seu Filho, nos purifica de todo pecado. Se afirmarmos que não temos pecado, enganamos a nós mesmos, e a verdade não está em nós. Se confessarmos os nossos pecados, ele é fiel e justo para perdoar os nossos pecados e nos purificar de toda injustiça. Se afirmarmos que não temos cometido pecado, fazemos de Deus um mentiroso, e a sua palavra não está em nós.
1João 1:6-10

Arrepender: sentir ou expressar tristeza ou remorso sincero a respeito de um erro cometido contra alguém; dar as costas ao pecado.

Todavia, como está escrito: "Nenhum olho viu, nenhum ouvido ouviu, e coração nenhum concebeu o que Deus preparou para aqueles que o amam."
1Coríntios 2:9

manteve-a no caminho estreito e conduziu-a ao céu, onde ela *se tornou* perfeita, como o seu Salvador.

Ah, quem dera fôssemos iguais a Maria, entendendo totalmente que, sem Jesus, não temos ajuda, não temos esperança e somos destinados à destruição, mas, **com ele, somos o oposto**. Com ele, recebemos ajuda, enchemo-nos de esperança e somos destinados ao céu, onde, em vez de ser convertidos em vapor, veremos coisas que nossa mente não consegue sequer sonhar.

Mais boas notícias?

Elas já vão começar.

Sua vez

2. De que maneiras você é semelhante aos fariseus? De que maneiras é semelhante a Maria?

3. Em que comportamentos externos você tende a concentrar-se mais, sejam os seus próprios ou de outra pessoa?

4. Que atitudes do coração você tende a deixar de lado ou não priorizar?

Para os *nerds* da Bíblia (como nós) que querem saber

Alguém que tenha verdadeira pureza moral interior não é apenas uma pessoa de boas intenções, mas é também sincera e não vive uma vida dupla. Os puros de coração são iguais tanto em público quanto na vida privada — isto é, não são hipócritas!

O profeta Jeremias expressou a decepção de Deus com o conformismo religioso da nação de Israel, sem apresentar nenhuma mudança de coração. Eles cumpriam as formalidades. Especificamente, a circuncisão era um sinal de seu relacionamento com Deus e sua aliança, mas no dia a dia não eram muito diferentes dos inimigos de Deus. "Vêm chegando os dias — declara o Senhor — em que castigarei todos os que são circuncidados apenas no corpo [...]. Porque todas essas nações são incircuncisas, mas todo o povo de Israel é incircunciso de coração." (Jeremias 9:25-26; veja tb. 4:4; Deuteronômio 10:16, 30:6-8)

O "pensamento único e egoísta" é, de fato, um tema recorrente no SDM no qual Jesus advertiu seus seguidores: "Tenham o cuidado de não praticar as suas obras de justiça diante dos outros para serem vistos por eles. Se fizerem isso, não terão nenhuma recompensa do seu Pai, que está nos céus." (Mateus 6:1.) Pureza de coração inclui atos silenciosos de bondade (v. 2-4), como orar (v. 5-15), práticas religiosas como jejum (v. 16-18), o que considerar tesouro (v. 19-21) e em que se concentrar (v. 22-24).

Vendo com clareza

Peço que o Deus de nosso Senhor Jesus Cristo, o glorioso Pai, dê a vocês espírito de sabedoria e de revelação por meio do pleno conhecimento dele. Oro também para que os olhos do coração de vocês sejam iluminados, a fim de que conheçam a esperança para a qual ele os chamou, que são as riquezas da gloriosa herança dele concedida aos santos e a incomparável grandeza do seu poder para conosco, os que cremos, conforme a atuação da sua poderosa força.

Efésios 1:17-19

Se não formos cuidadosos, as bem-aventuranças do SDM poderão transformar-se em som de fundo da escola dominical — afirmações que parecem boas e cristãs, mas não têm nenhum significado para nós porque não estamos prestando nenhuma atenção. Na verdade, nada neste mundo de Deus deve ser mais empolgante, mais inspirador, mais eletrizante que a promessa de que *os puros de coração verão a Deus*. Que os que se arrependem e se entregam a Deus podem conhecê-lo, subir ao seu santo monte, entrar em sua presença e, sim, permanecer ali porque ele tornou isso possível (Salmos 24:3-4).

Os que seguem Jesus o verão literalmente face a face no céu. Quando sabemos disso, tudo muda — porque esse será um dia grandioso! Mas não precisamos esperar muito tempo porque o favor de Deus já está sobre nós. Assim, enquanto não podemos vê-lo com nossos olhos físicos, os olhos de nosso coração foram iluminados. As escamas caíram (Atos 9:18) e tudo o que passamos a viver agora é filtrado pela *esperança para a qual fomos chamados*, demonstrando de novo e de novo o grande amor de Deus para com os que creem de tantas maneiras maravilhosas:

[...] Porque me viu, você creu? Bem-aventurados os que não viram e creram.
João 20:29

Esses somos nós. ☺

Podemos ver Deus em sua criação.

Os céus declaram a glória de Deus; o firmamento proclama a obra das suas mãos. Um dia profere essa mensagem a outro dia; uma noite revela conhecimento a outra noite.

Salmos 19:1-2

— Pergunte, porém, aos animais, e eles o ensinarão, ou às aves do céu, e elas contarão a você. Interrogue a terra, e ela o instruirá; deixe que os peixes do mar o informem. Quem de todos eles ignora que a mão do Senhor fez isso? Na sua mão está a vida de cada criatura e o fôlego de toda a humanidade.

Jó 12:7-10

No princípio era a Palavra, e a Palavra estava com Deus e a Palavra era Deus. Aquele que é a Palavra estava com Deus no princípio. Todas as coisas foram feitas por intermédio dele; sem ele, nada do que existe teria sido feito.

João 1:1-3

Pois, desde a criação do mundo, os atributos invisíveis de Deus — o seu eterno poder e a sua natureza divina — têm sido vistos claramente, sendo compreendidos por meio das coisas criadas, de forma que tais homens são indesculpáveis.

Romanos 1:20

Pois por meio dele foram criadas todas as coisas nos céus e na terra, as visíveis e as invisíveis, sejam tronos, sejam soberanias, quer poderes, quer autoridades; todas as coisas foram criadas por ele e para ele.

Colossenses 1:16

Podemos ver Deus em sua igreja.

— Pois onde se reunirem dois ou três em meu nome, ali estou no meio deles.

Mateus 18:20

Todos nós fomos feitos à imagem de Deus (Gênesis 1:27), o que significa que nossos diferentes e variados dons refletem seus MUITOS dons. Vemos os belos e inumeráveis atributos de Deus em seus filhos e no conjunto todo de sua igreja.

Como cada um de nós tem um corpo com muitos membros, e esses membros não têm todos a mesma função, assim, em Cristo, nós, que somos muitos, formamos um só corpo, e cada membro está ligado a todos os outros. Temos diferentes dons, de acordo com a graça que nos foi dada. Se alguém tem o dom de profetizar, use-o de acordo com a sua fé; se o dom é servir, sirva; se é ensinar, ensine; se é encorajar, que assim o faça; se é contribuir, que contribua generosamente; se é exercer liderança, que a exerça com dedicação; se é mostrar misericórdia, que o faça com alegria.

Romanos 12:4-8

Portanto, vocês já não são estrangeiros nem forasteiros, mas concidadãos dos santos e membros da família de Deus, edificados sobre o fundamento dos apóstolos e dos profetas, tendo Jesus Cristo como pedra angular, no qual todo o edifício é ajustado e cresce para tornar-se um templo santo no senhor. Nele vocês também estão sendo edificados juntos, para se tornarem morada de Deus por seu Espírito.

Efésios 2:19-22

Vocês, porém, são geração eleita, reino de sacerdotes, nação santa, povo que pertence a Deus, para anunciar a grandeza daquele que os chamou das trevas para a sua maravilhosa luz. Antes, vocês não eram povo, mas agora são povo de Deus; não haviam recebido misericórdia, mas agora a receberam.

1Pedro 2:9-10

Podemos ver Deus na quietude.

— O Senhor lutará por vocês; fiquem calmos.

Êxodo 14:14

O Senhor é o meu pastor; de nada terei falta. Ele me faz repousar em pastagens verdejantes e me conduz a águas tranquilas; restaura-me o vigor. Guia-me pelas veredas da justiça por amor do seu nome.

Salmos 23:1-3

"Parem de lutar e saibam que eu sou Deus! Serei exaltado entre as nações, serei exaltado na terra."

Salmos 46:10

— Venham a mim todos os que estão cansados e sobrecarregados, e eu darei descanso a vocês. Tomem sobre vocês o meu jugo e aprendam de mim, porque sou manso e humilde de coração, e vocês encontrarão descanso para a alma. Pois o meu jugo é suave, e o meu fardo é leve.

Mateus 11:28-30

Podemos ver Deus no horizonte.

— Que o coração de vocês não se perturbe. Creiam em Deus, creiam também em mim. Na casa do meu Pai há muitos aposentos; se não fosse assim, eu teria dito que vou preparar lugar para vocês? Quando eu for e preparar lugar, voltarei e os levarei comigo, para que vocês estejam onde eu estiver.

Joao 14:1-3

Vejam como é grande o amor que o Pai nos concedeu, a ponto de sermos chamados filhos de Deus, o que de fato somos! Por isso, o mundo não nos conhece, porque não o conheceu. Amados, agora somos filhos de Deus, e ainda não se manifestou o que haveremos de ser. Mas sabemos que, quando ele se manifestar, seremos semelhantes a ele, pois o veremos como ele é. Todo aquele que nele tem essa esperança purifica a si mesmo, assim como ele é puro.

1João 3:1-3

Então, vi novos céus e nova terra, pois o primeiro céu e a primeira terra tinham passado, e o mar já não existia. Vi a cidade santa, a nova Jerusalém, que descia dos céus, da parte de Deus, preparada como uma noiva adornada para o seu esposo. Ouvi uma alta voz que vinha do trono e dizia:

— Eis que o tabernáculo de Deus está com os homens, com os quais ele viverá. Eles serão os seus povos; o próprio Deus estará com eles

e será o Deus deles. Ele enxugará dos seus olhos
toda lágrima. Não haverá mais morte, nem aflição, nem
choro, nem dor, pois as coisas antigas já passaram.

Apocalipse 21:1-4

Sua vez

5. Com base nos versículos anteriores, descreva o favor de Deus para com os puros de coração.

6. De que maneiras você tem visto mais claramente Deus em sua vida ou na vida dos que o rodeiam?

7. Os que depositam sua fé em Jesus se tornam filhos de Deus (João 1:12). Depois de tornar-se filho de Deus, como você vê o mundo ao seu redor e interage com ele? Seja específico a respeito das circunstâncias e das pessoas, porque, quando vemos Deus com clareza, tudo *muda* realmente.

Depositar confiança em Jesus significa arrepender-se de seus pecados e submeter a ele o controle de sua vida.

8. Releia João 14:1-3, 1João 3:1-3 e Apocalipse 21:1-4 (veja páginas 112-113) e faça uma lista das coisas incríveis que aguardam os puros de coração.

CENA INTERNA — TENDA DE JESUS

(Jesus está sentado de costas para a entrada, com as mãos na cabeça, profundamente triste. Não apenas por causa da prisão de João Batista, mas também porque, em algum lugar profundo de sua natureza humana/divina, ele sabe que agora tudo deve ser acelerado. Maria Mãe abre a porta da tenda e Maria Madalena entra. Ela para por um momento entre a entrada da tenda e Jesus. Jesus funga.)

JESUS *(explicando-se)*: Não é por sua causa. Há muitas coisas acontecendo neste momento. É bom... ver você de volta.

MARIA MADALENA *(abaixa a cabeça, chora)*: Eu não sei o que dizer.

JESUS: Eu não exijo muito.

MARIA MADALENA: Estou muito envergonhada. O senhor me redimiu e joguei tudo fora.

JESUS: Bom, em um dia não há muita redenção a perder, certo?

MARIA MADALENA: Eu devo tudo ao senhor e acho que não vou fazer isso.

JESUS: Fazer o quê?

MARIA MADALENA: Viver à altura. Retribuir o que lhe devo. Como eu fui capaz de sair, como fui capaz de voltar ao lugar onde estava e nem sequer voltar para o lugar que é meu? Eles foram me buscar. Não consigo viver como deveria.

JESUS: Bom, isso é verdade.

(Maria chora mais ainda.)

JESUS *(continuando)*: Mas você não precisa fazer isso. Eu só quero o seu coração. O Pai só quer o seu coração. Dê a nós o seu coração, o que você já nos deu, e o resto virá com o tempo. Você achou mesmo que nunca mais voltaria a lutar, a pecar de novo? Sei como aquele momento foi doloroso para você.

MARIA MADALENA: Eu não devia.

JESUS: Algum dia. Mas não aqui.

MARIA MADALENA: Sinto muito mesmo.

JESUS: Levante a cabeça.

MARIA MADALENA: Não posso.

JESUS: Você pode. Olhe para mim. *(Ela levanta a cabeça.)* Eu perdoo você. Acabou.

Foco da oração

Converse com Deus sobre a condição de seu coração. Se sua lealdade está dividida, se continua a viver para você mesmo, se julga a você mesmo de acordo com um padrão diferente do de Jesus — admita tudo isso ao Senhor. Reconheça sua incapacidade de ter uma vida sem pecado. Peça que ele lhe perdoe e torne puro o seu coração. Agradeça a Deus porque a salvação depende da pureza da vida de Jesus e de sua morte sacrificial. Peça que ele o capacite por meio do Espírito Santo a viver com gratidão na pureza de coração que Jesus proporciona. Peça a ele que o ajude a reconhecer sua obra em você e ao redor de você agora, enquanto aguarda o dia em que o verá face a face.

Modelo de oração

Amado Deus,

Por mais que eu tente parecer bom para as outras pessoas, reconheço que sou pecador e careço do teu padrão de bondade. Perdoa-me, por favor, pela impureza dos meus pecados e pelas maneiras hipócritas que tenho tentado encobri-los. Perdoa-me por tentar me sentir melhor a respeito de meus pecados quando condeno os que me rodeiam. Agradeço a ti pela salvação que me deste por meio da fé em Jesus, não por meio de meus esforços insatisfatórios.

Por favor, purifica meu coração e capacita-me pelo teu Espírito a reconhecer a tua obra em mim e ao meu redor, e a viver com alegria para ti agora e até o dia em que eu me encontrar contigo face a face na eternidade.

Amém.

André, irmão de Simão Pedro

Por ter crescido em Betsaida à margem do mar da Galileia e por ser irmão de Simão Pedro, André envolveu-se nos negócios de pesca da família (Mateus 4:18-20; Marcos 1:16-17). Foi discípulo de João Batista antes de tomar a decisão de seguir Jesus (João 1:35-40) e recrutou rapidamente seu irmão Simão Pedro a fazer o mesmo (v. 41-42). A certa altura, André e Simão Pedro mudaram-se para a cidade próxima de Cafarnaum à margem do mar da Galileia, que passou a ser a sede do ministério de Jesus (Marcos 1:29; 2:1). André aparenta ser um homem positivo, sempre disposto a colaborar, que doou a si mesmo e tornou seus recursos disponíveis a Jesus (como os peixes e os pães que alimentaram 5 mil pessoas em João 6:8-9) e que era muito acessível (João 12:20-22).

André é mencionado uma vez em Atos, e a antiga tradição relata que seu ministério após Atos foi realizado em lugares como Acaia (Grécia), Anatólia (uma região da atual Turquia) e Macedônia, com uma viagem a Cítia (uma região da atual Ucrânia e Rússia) onde Deus o usou para salvar Matias dos canibais. Hipólito relatou que André foi crucificado em uma oliveira em Pátras, uma cidade na Acaia (c. 70 d.C.). A tradição sugere que ele foi crucificado em um madeiro em formato de X (ou "sautor"). Dizem que os ossos de André foram transferidos no século 4 para a Escócia, e dizem também que Angus, rei dos pictos, do século 8, obteve a vitória prometida na batalha sob um símbolo sautor no céu. Portanto, André é o santo padroeiro da Escócia desde então.

Sétima lição

OS PACIFICADORES
e o que eles buscam

"Bem-aventurados os pacificadores, pois serão chamados filhos [e filhas] de Deus."

Mateus 5:9

CENA EXTERNA — MAR DA GALILEIA (DURANTE O DIA)

(Os irmãos pescam.)

SIMÃO: Como nos velhos tempos, hein?

ANDRÉ: Como você disse, ninguém nunca precisou adivinhar o que se passa na sua cabeça.

SIMÃO: Não há nada na minha cabeça. Isto? Está nos nossos ossos... não precisa pensar.

ANDRÉ: Deve ser bom não ter nada na cabeça.

SIMÃO: Não seja espertinho, é só um ditado.

ANDRÉ: Isso foi verdade quando você colheu os grãos em Wadi Kelt.

SIMÃO: Todo mundo colheu! Menos... a Maria.

ANDRÉ: Ela já tinha feito a parte dela.

SIMÃO: Você acha que nunca vai cometer outro erro na vida?

ANDRÉ: Faz dias que ela sumiu!

SIMÃO: Dois. Não exagere.

ANDRÉ: Não exagerar? Você está me dizendo para eu não exagerar? Isso é... Uau!

SIMÃO: Veja, ela passou por algo horrível e aterrorizante e lidou com isso da melhor maneira que sabia.

ANDRÉ: Ela devia ter falado com Jesus.

SIMÃO: Ela sabe disso agora! Eu não sei se você lembra, mas Jesus estava desarmando o louco do Simão, tirando a adaga dele.

ANDRÉ: Ah, é ele o Simão louco?

SIMÃO *(dando de ombros)*: Sou um homem casado que fez um trabalho honesto.

ANDRÉ: Fez um trabalho honesto de forma desonesta!

SIMÃO: Foi assim que conheci Jesus. Caminhos inesperados...

ANDRÉ: Jogos de azar? Brigas? Tudo também inesperado?

SIMÃO: Você também jogava!

ANDRÉ: E nunca mais vou fazer isso! E, se um dia for tentado, vou pedir ajuda ao Mestre. Com certeza, não vou fazer nada por egoísmo... deixar o grupo preso no acampamento durante dois dias morrendo de fome, nem deixar Jesus irritado para que ele grite com os fariseus que agora estão nos caçando!

SIMÃO: Ele estava sofrendo por causa da prisão do João, e eles não estão nos caçando! Você é muito dramático...

ANDRÉ: Quando chegar a Jerusalém a notícia de que ele se intitula Filho do homem e Senhor do sábado, eles vão caçá-lo, vão prendê-lo. Isso pode estragar completamente os planos para o sermão, acabar com todo o nosso ânimo! É *disso* que tenho medo!

SIMÃO: Jerusalém nem abre a correspondência de Wadi Kelt. Isso é apenas conversa para nos amedrontar, André.

ANDRÉ: Sei disso há mais tempo que você. Quando eles decidem que não gostam de alguém, acabou. O João! O João pode passar a vida na prisão.

SIMÃO: Foi Herodes que prendeu João, não o Sinédrio.

ANDRÉ: O Sinédrio prende pessoas o tempo todo!

SIMÃO: Foi você que me disse que ele era o Messias. Agora sou eu que vou ter de fazer você se lembrar disso?

ANDRÉ: O fato de que ele é o Messias significa que vai haver problema. Você não entende? Pode haver até uma guerra.

SIMÃO: Se você estivesse organizando um exército, começaria com Tiaguinho e Tadeu?

ANDRÉ: Simão...

SIMÃO: Você acha que ele está traçando planos militares todas as vezes que vai a lugares desolados?

ANDRÉ: Ele nunca volta com nada!

SIMÃO: Quer saber? Vamos pescar, tudo bem? Podemos?

(Eles se sentam e esperam, cada um de um lado do barco. André olhando para o oeste, Simão olhando para o leste, quando um fato repentino o empalidece. Simão vê as tropas romanas a distância, marchando ao longo da costa leste. Dirigem-se ao local onde Jesus está ensinando no alto do monte. Ninguém no acampamento nota a presença dos soldados, ainda um pouco longe. Simão permanece extremamente calmo.)

SIMÃO: André? Meu irmãozinho que eu tanto amo?

ANDRÉ: O que foi?

SIMÃO: Preciso que você respire fundo, bem fundo. Pode fazer isso?

ANDRÉ: O quê? Por quê?

SIMÃO: Por favor. Peça a Deus que lhe dê paz antes...

(André acompanha instintivamente o olhar de Simão. Ele se vira, desprezando todas as instruções. Enquanto ele se levanta apavorado, Simão solta a respiração e fecha os olhos... por que se incomodar com isso?)

A estrada menos percorrida

Há normalmente dois métodos de pacificação, e nenhum dos dois oferece muita coisa em termos de paz verdadeira. O primeiro chama-se "paz*embromação*" quando a pessoa busca evitar conflito fingindo que ele não existe. Ela sorri, diz que está tudo bem e varre para debaixo do tapete mais próximo o assunto com o qual não quer lidar. Aliás, as coisas varridas não desaparecem — permanecem à espera. O segundo chama-se "paz*decretação*" quando a pessoa busca resolver o conflito, exigindo que seja reconhecido e solucionado. AGORA.

Por mais diferentes que pareçam, esses dois métodos têm origens semelhantes: AUTOproteção, AUTOjustiça e AUTOpermissão — só para citar alguns.

Você percebe uma ideia recorrente?

Em geral, a sabedoria do século 21 ensina que, para ser felizes, precisamos primeiro agradar a *nós mesmos*, o que basicamente significa que tudo o que pensamos, sentimos ou queremos tem prioridade sobre tudo e todos. Mas o declínio constante de nossa saúde mental coletiva, acompanhado do aumento de tiroteios em aglomerações, abuso de substâncias nocivas, divórcio e suicídio, prova que aquilo que a cultura nos ensina não está funcionando. Porque enquanto o nosso foco está no EU, na sétima bem-aventurança do SDM, o foco de Jesus estava na pacificação.

E ele SE entregou para fazer isso.

Sua vez

1. Até que ponto você é um paz*embromador* e/ou paz*decretador*? Por quê?

O caminho da paz

Levantando os olhos e vendo uma grande multidão que se aproximava, Jesus disse a Filipe: — Onde compraremos pães para este povo comer? Ele fez essa pergunta apenas para pô-lo à prova, pois já tinha em mente o que ia fazer. Filipe lhe respondeu: — Duzentos denários não comprariam pães suficientes para que cada um recebesse um pedaço! Outro discípulo, André, irmão de Simão Pedro, tomou a palavra: — Aqui está um rapaz com cinco pães de cevada e dois peixinhos, mas o que é isto para tanta gente? Jesus disse: — Mandem o povo se sentar.

Havia muita grama naquele lugar, e todos se sentaram. Eram cerca de cinco mil homens. Então, Jesus tomou os pães, deu graças e os repartiu entre os que estavam sentados, tanto quanto queriam. O mesmo fez com os peixes. Depois que todos receberam o suficiente para comer, disse aos seus discípulos: — Ajuntem os pedaços que sobraram. Que nada seja desperdiçado. Então, eles os ajuntaram e encheram doze cestos com os pedaços dos cinco pães de cevada deixados por aqueles que tinham comido.

João 6:5-13

Parece que André era um seguidor fiel de Jesus. Era animado, sincero e tranquilo. Levou suas perguntas e dúvidas a Jesus — e também os pães e peixes do menino. E isso foi importante, porque **Jesus pegou o que André lhe entregou e transformou-o em algo tão grande** que foi capaz de alimentar uma multidão de pessoas e mudar o mundo também. Mas vamos dar mais detalhes logo a seguir, porque, apesar dos milagres, até um homem como André teve de aceitar uma nova maneira de fazer as coisas. Teve de abandonar suas noções preconcebidas sobre como Deus era, quem Deus escolhia e como o reino dos céus seria estabelecido — começando com os seguidores de Jesus.

Os discípulos eram um grupo não convencional, porque Jesus acolhia todas as pessoas, o que significava que André teve de encontrar um jeito de conviver com

Para os *nerds* da Bíblia (como nós) que querem saber

Em sua carta no Novo Testamento, sem mencionar explicitamente o SDM, Tiago, irmão de Jesus, repercutiu várias bem-aventuranças no curto espaço de alguns versículos:

"No entanto, a sabedoria que vem do alto é, antes de tudo, pura; depois, pacífica, amável, compreensiva, cheia de misericórdia e de bons frutos, imparcial e sincera. O fruto da justiça é semeado em paz pelos pacificadores." (Tiago 3:17-18)

Nessa coleção de características das bem-aventuranças (isto é, pureza, misericórdia, justiça, humildade etc.), Tiago mencionou "paz" três vezes, usando uma vez a palavra "pacificadores" (*eirēnopoioi*, v. 18), a mesma que Jesus usou em Mateus 5:9. Portanto, ambos estão falando de paz como um objetivo, como algo que o povo de Deus anseia "fazer" (*poieō*). É importante notar aqui que o assunto não trata apenas de ser pacificador, mas de ser alguém que promove a paz — alguém que investe tempo e energia para que a paz seja um objetivo.

um cobrador de impostos que apoiava os romanos e era extremamente contra os romanos, sem mencionar as grandes multidões de pessoas que estavam sempre ao redor. Sem dúvida, ele e o resto do grupo tiveram de deixar de lado suas opiniões e sentimentos a fim de participar do que Jesus estava fazendo e ensinando. E Jesus instruiu seus seguidores a promoverem a paz — sem fingimento e sem exigir uma solução que lhes fosse conveniente, mas a:

a. reconciliar-se uns com os outros (Mateus 5:21-26);
b. respeitar o sexo oposto e permanecer fiel no casamento (Mateus 5:27-32);
c. manter a palavra dada (Mateus 5:33-37);
d. evitar retaliação (Mateus 5:38-42);
e. amar seus inimigos (Mateus 5:43-48);
f. abster-se de tentar impressionar os outros (Mateus 6:1-8,16-18);
g. perdoar uns aos outros (Mateus 6:9-15).

Em outras palavras, ser pacificador é muito, muito difícil mesmo! No entanto, **a proporção da paz que fazemos uns com os outros reflete a proporção da confiança que temos em nosso Líder,** porque ele diz que devemos ser pacificadores e porque, para sermos pacificadores, temos de abrir mão de alguma coisa — negar a nós mesmos de modo semelhante ao de Jesus quando fez as pazes com Deus em nosso favor (Mateus 16:24).

Sem dúvida, negar a si mesmo e obedecer ao ensinamento de Jesus eram contrários ao modo de ser de André, e ao nosso também. Mas bem-aventurados os pacificadores,

Pois ele é a nossa paz, o qual de ambos fez um e destruiu a barreira, o muro de inimizade, anulando no seu corpo a lei dos mandamentos expressa em ordenanças. O objetivo dele era criar em si mesmo, dos dois, um novo homem e, assim, estabelecer a paz e reconciliar com Deus os dois em um só corpo, por meio da cruz, pela qual ele destruiu a inimizade. Ele veio e anunciou paz a vocês que estavam longe e paz aos que estavam perto, pois por meio dele ambos temos acesso ao Pai por um mesmo Espírito.
Efésios 2:14-18

Jesus dizia a todos: — Se alguém quiser vir após mim, negue-se a si mesmo, tome a sua cruz e siga-me. Pois quem quiser salvar a sua vida a perderá, mas quem perder a própria vida por minha causa a salvará.
Lucas 9:23-24

Afaste-se do mal e faça o bem; busque a paz com perseverança.
Salmos 34:14

porque a sabedoria de Deus preserva realmente a nossa vida, sem mencionar nossos relacionamentos; mantém-nos afastados da AUTO*destruição*. Bem-aventurados os pacificadores e aqueles que promovem a paz com as pessoas pelas quais Jesus morreu (#todomundo).

E bem-aventurados os que entregam seus desejos e necessidades ao Salvador, porque, em suas mãos, são multiplicados.

Tudo é multiplicado, sejam pães, peixes ou filhos do Rei.

Sua vez

2. Em sua vida, com quem você sente dificuldade de ser pacificador? Por quê?

3. Leia a passagem a seguir e sublinhe algumas maneiras que você pode escolher para ser pacificador, prestando especial atenção ao exemplo de Cristo no final da passagem.

> Nada façam por ambição egoísta ou por vaidade, mas humildemente considerem os outros superiores a vocês mesmos, cuidando, cada um, não somente dos próprios interesses, mas também dos interesses dos outros. Seja o modo de pensar de vocês o mesmo de Cristo Jesus, que, apesar de ser Deus, não considerou que a sua igualdade com Deus era algo que deveria ser usado como vantagem; antes, esvaziou a si mesmo,

Para os *nerds* da Bíblia (como nós) que querem saber

Como qualquer pai ou mãe de criança pequena pode comprovar, a tentação de promover conflito em vez de paz ainda existe em nós. Embora os adultos sejam mais sutis que as crianças, a tentação de ser menos que pacificador continua. Tiago confrontou especificamente seus leitores sobre as guerras dentro das igrejas e usou palavras como "amizade" e "inimigo" para fazer isso.

De onde vêm as guerras e as brigas que há entre vocês? Não vêm das paixões que guerreiam dentro de vocês? Vocês cobiçam coisas, mas não as têm; matam e invejam, mas não conseguem obter o que desejam. Vivem lutando e fazendo guerras. Não têm, porque não pedem. Pedem, mas não recebem, porque pedem com más intenções, com o fim de gastar nos seus prazeres. Adúlteros, vocês não sabem que a amizade com o mundo é inimizade com Deus? Portanto, se alguém quiser ser amigo do mundo faz-se inimigo de Deus. (Tiago 4:1-4)

> assumindo a forma de servo, tornando-se semelhante aos homens. Sendo encontrado em figura humana, humilhou-se a si mesmo e foi obediente até a morte, e morte de cruz! (Filipenses 2:3-8)

4. Quais são algumas maneiras práticas de implementar essas táticas de pacificação hoje?

Belos pés

> Como são belos nos montes os pés daqueles que anunciam boas-novas, que proclamam a paz, que trazem boas notícias, que proclamam a salvação, que dizem a Sião: "O seu Deus reina!"
> Isaías 52:7

> O lobo viverá com o cordeiro, o leopardo se deitará com o bode, o bezerro, o leão e o novilho gordo pastarão juntos, e uma criança os guiará. A vaca se alimentará com a ursa, os seus filhotes deitarão juntos, e o leão comerá palha como o boi. A criancinha brincará perto do esconderijo da áspide, e a criança colocará a mão no ninho da víbora. Ninguém fará nenhum mal nem destruirá coisa alguma em todo o meu santo monte, pois a terra se encherá do conhecimento do Senhor, como as águas cobrem o mar.
> Isaías 11:6-9

Estar em paz com Deus torna possível viver em paz com os outros, porque a paz é um transbordamento do que existe no interior. Quando disse que os pacificadores seriam chamados filhos de Deus, Jesus não estava falando do primeiro momento da salvação, porque ser pacificador não é uma condição para entrar na família de Deus, o que ocorre pela fé em Jesus como aquele que morreu pelos nossos pecados e ressuscitou para uma nova vida. Não, o SDM não trata do modo em que começamos uma nova vida em Jesus; trata de nossa identidade a partir daí.

Ser chamado de um nome específico é ser identificado como tendo uma característica particular que nos conecta a algo ou a alguém. E uma das muitas características de Deus é que ele é incessantemente amoroso, e foi por isso que ele entrou *na* história.

Nosso Criador e Rei sacrificou-se para nos salvar de nós mesmos e nos conduzir ao reino eterno de paz. Tão logo passamos a pertencer ao reino, somos encarregados de ser pacificadores com os outros também, sabendo que nosso Pai celestial — o Rei — ama as mesmas pessoas com as quais às vezes discordamos. Somos representantes dele a elas.

Quando sabemos disso, tudo muda. Como filhos de Deus pacificadores, atraímos outras pessoas a ele, porque Jesus disse: "Deste modo todos saberão que são meus discípulos: se vocês amarem uns aos outros" (João 13:35). Nosso amor, isto é, nossa decisão de viver em paz, desde que dependa de nós (Romanos 12:18), reflete a própria natureza de Deus e, assim, mostramos àqueles que nos rodeiam quem ele é. O que significa bem-aventurados os pés daquele que anuncia as boas-novas do amor de Deus aos outros, porque, consequentemente, não apenas os outros serão atraídos ao céu, mas também receberemos a maior honra de todas:

Seremos conhecidos como filhos de Deus...

juntamente com todas as vantagens que acompanham:

Os filhos do Rei são considerados justos.
Significa que você não tem de sentir vergonha de seu passado, nem de ficar na defensiva no presente, nem ansioso quanto ao futuro. Pode deixar tudo para trás porque Deus abriu o caminho para a paz.

Agora, porém, em Cristo Jesus, vocês, que antes estavam longe, foram aproximados pelo sangue de Cristo. Pois ele é a nossa paz, o qual de ambos fez um e destruiu a barreira, o muro de inimizade, anulando no seu corpo a lei dos mandamentos expressa em ordenanças. O objetivo dele era criar em si mesmo, dos dois, um novo homem e, assim, estabelecer a paz e reconciliar com Deus os dois em um só corpo, por meio da cruz, pela qual ele destruiu a inimizade. Ele veio e anunciou paz a vocês que estavam longe e paz aos que estavam perto, pois por meio dele ambos temos acesso ao Pai por um mesmo Espírito.

Efésios 2:13-18

Filhinhos, agora permaneçam nele, para que, quando ele se manifestar, tenhamos confiança e não sejamos envergonhados diante dele na sua vinda. Se vocês sabem que ele é justo, saibam também que todo aquele que pratica a justiça é nascido dele.

1João 2:28-29

Vejam como é grande o amor que o Pai nos concedeu, a ponto de sermos chamados filhos de Deus, o que de fato somos! Por isso, o mundo não nos conhece, porque não o conheceu. Amados, agora somos filhos de Deus, e ainda não se manifestou o que haveremos de ser. Mas sabemos que, quando ele se manifestar, seremos semelhantes a ele, pois o veremos como ele é. Todo aquele que nele tem essa esperança purifica a si mesmo, assim como ele é puro.

1João 3:1-3

Os filhos do Rei têm uma herança à espera deles no céu. Você não precisa lutar pelo que é seu. Deus já guardou para você, garantindo, portanto, a sua paz.

— Então, o Rei dirá as que estiverem à sua direita: "Venham, benditos do meu Pai! Recebam como herança o reino que foi preparado para vocês desde a criação do mundo."

Mateus 25:34

Pois vocês não receberam um espírito de escravidão, para novamente temerem, mas receberam o Espírito que os torna filhos por adoção, por meio do qual clamamos: "*Aba*, Pai." O próprio Espírito testemunha ao nosso espírito que somos filhos de Deus. E, se somos filhos, também somos herdeiros de Deus e coerdeiros com Cristo. Se de fato sofremos com ele, também com ele seremos glorificados.

Romanos 8:15-17

Tudo o que fizerem, façam de todo o coração, como para o Senhor, não para os homens, sabendo que receberão do Senhor a recompensa da herança, pois é a Cristo, o Senhor, a quem vocês servem.

Colossenses 3:23-24

Bendito seja o Deus e Pai do nosso Senhor Jesus Cristo! Conforme a sua grande misericórdia, ele nos regenerou para uma esperança viva, por meio da ressurreição de Jesus Cristo dentre os mortos, para uma herança que jamais poderá perecer, macular-se ou desvanecer. Essa herança está guardada nos céus para vocês, que, mediante a fé, são protegidos pelo poder de Deus até chegar a salvação que está prestes a ser revelada no último tempo.

1Pedro 1:3-5

Os filhos do Rei são estabelecidos permanentemente. Você nunca precisa se sentir inseguro, desconfiado ou desamparado. Deus o estabeleceu com firmeza. Você precisa apenas permanecer em sua paz.

Porque um menino nos nasceu, um filho nos foi dado, e o governo está sobre os seus ombros. Ele será chamado Maravilhoso Conselheiro, Deus Poderoso, Pai Eterno, Príncipe da Paz. Ele estenderá o seu governo, e haverá paz sem fim sobre o trono de Davi e sobre o seu reino, estabelecido e mantido com justiça e retidão, desde agora e para sempre.

Isaías 9:6-7

"Porque sou eu que conheço os planos que tenho para vocês" — declara o Senhor — "planos de fazê-los prosperar, não de causar dano, planos de dar a vocês esperança e um futuro."

Jeremias 29:11

Contudo, aos que o receberam, aos que creem no seu nome, deu-lhes autoridade de se tornarem filhos de Deus, os quais não nasceram do sangue, nem pela vontade da carne, nem pela vontade de homem algum, mas nasceram de Deus.

João 1:12-13

Sabemos que **todas as coisas contribuem juntamente para o bem** de todos aqueles que amam a Deus, dos que foram chamados de acordo com o seu propósito.

Romanos 8:28

Sua vez

5. Com base nos versículos anteriores, descreva o favor de Deus para com os pacificadores.

6. O fato de mudar o foco de você para Deus o capacita a viver mais em paz com os outros? Como? Seja específico.

7. Releia o versículo a seguir e faça uma análise honesta de você mesmo. Pela graça de Deus, quem você está amando corretamente? Quem você precisa amar de modo diferente e de que maneira(s)?

— Deste modo todos saberão que são meus discípulos: se vocês amarem uns aos outros.

João 13:35

8. Jesus nem sempre "manteve a paz". Muitas vezes, ele entrou em choque com os que se opunham à sua missão. Mas há uma diferença entre oferecer paz aos outros e a recusa deles em aceitá-la (Romanos 12:16-18). De acordo com Tiago 1:5, de onde vem a sabedoria para saber qual é a diferença?

CENA EXTERNA — ACAMPAMENTO DOS DISCÍPULOS (AO ANOITECER)

(Os discípulos — todos exceto Filipe, André, Tadeu e Tiaguinho — estão espalhados, preparando-se lentamente para dormir, visivelmente abatidos. Simão Z e Simão estão em extremidades opostas, montando guarda. De repente, Simão Z arregala os olhos ao olhar para uma clareira fora do acampamento.

SIMÃO Z (pensa): É Jesus, orando intensamente enquanto caminha.

SIMÃO Z: Ele voltou!

(Todos reagem rapidamente. Simão Z corre em direção a Jesus.)

SIMÃO Z *(continuando)*: Mestre! Está machucado? O que aconteceu?

(Jesus para de orar e vira-se.)

JESUS: Ah, acho que eu não deveria ficar surpreso por VOCÊ me avistar.

(Os outros chegam em disparada. Maria Mãe abraça Jesus.)

JESUS *(continuando)*: Olá, *Ima*.

NATANAEL: Mestre, o senhor está bem?

SIMÃO: Alguém seguiu o senhor?

JESUS: Sim, estou bem. Eles só queriam conversar.

(Mateus dá um largo sorriso, uma cena rara.)

MATEUS: Estou muito feliz.

(Jesus dá uma risadinha.)

JESUS: Que bom, Mateus.

SIMÃO: Só queriam conversar?

JESUS: Quintus queria conversar, sim, mas os romanos, eles não me veem como uma grande ameaça, o que é bom.

SIMÃO Z *(um pouco distante)*: Esperamos que isso mude logo.

JOÃO: Então, o que o senhor estava fazendo lá?

JESUS: Orando, João. Lembre-se: temos de nos preparar para o grande evento.

TIAGÃO: Mestre, com todo o respeito, o senhor não poderia ter nos avisado que estava de volta? O senhor foi levado por soldados romanos com armas; estávamos muito preocupados.

JESUS: Eu não lhes disse que voltaria e que continuassem o planejamento?... Todos vocês vão ter de aprender a fazer isso, seja o que for que estiver acontecendo, bom ou ruim. As coisas só vão ficar mais difíceis. Vocês não podem parar quando estão com medo. E o que vão fazer quando eu não estiver mais aqui?

JOÃO: Sim, ainda estamos tentando descobrir.

SIMÃO: Sim, mas podemos melhorar — vamos melhorar.

JOÃO: Mestre, Filipe disse que o João Batista ensinou uma oração aos discípulos dele além das orações diárias tradicionais. Talvez o senhor possa fazer o mesmo.

TIAGÃO: Sim, eu gostaria de aprender mais sobre o que o senhor diz quando está sozinho.

JESUS: Agora vocês estão se comportando como alunos verdadeiros. É isso que eu gosto de ver. E a oração é o primeiro passo para corrigir a mente e o coração; é por isso que vocês me veem orando sempre.

SIMÃO: Então, ensine-nos a orar como o senhor ora... por favor.

JESUS: Quando oramos, queremos ter a certeza de começar reconhecendo que o nosso Pai está no céu e sua grandeza. Então, vocês podem dizer: "Pai nosso que estás no céu, santificado seja o teu nome." E queremos sempre ter a certeza de fazer a vontade de Deus, não a nossa. Então, dizemos: "Venha o teu reino, seja feita a tua vontade, assim na terra como nos céus..."

Foco da oração

Converse com Deus sobre paz e pacificação e agradeça-lhe por proporcioná-la por meio da vida, da morte e da ressurreição de Jesus. Peça-lhe que o ajude a depender da paz dele em sua vida. Comprometa-se a ser um instrumento nas mãos dele e peça-lhe que lhe conceda a sabedoria e a força necessárias para fazer o que ele lhe pede — seja qual for a reação dos outros —, sabendo que, em última análise, paz é uma característica dos filhos de Deus.

Modelo de oração

Amado Pai celestial,

Obrigado por criares paz em minha vida quando enviaste teu Filho Jesus para resgatar-me do pecado. Reconheço que a paz é um dom que vem de ti e que o preço que pagaste foi muito alto. Confesso que nem sempre permito que tua paz governe meu coração; portanto, por favor, ajuda-me a fazer isso. Ajuda-me a confiar em ti, a ponto de estar disposto a me esforçar para ter paz com os outros — mesmo quando isso é muito difícil para mim. Quero ser uma ferramenta em tuas mãos para promover a paz. Ajuda-me a reconhecer as oportunidades que tu apresentas e concede-me a sabedoria e o poder de teu Espírito para trabalhar pela paz como teu filho.

Amém.

Tadeu (também conhecido como Judas, filho de Tiago)

De modo semelhante aos outros apóstolos como Simão Pedro e Levi Mateus, Judas Tadeu tinha vários nomes. "Judas" era um nome comum na época do Novo Testamento, portanto não é de surpreender que dois homens entre os doze apóstolos tivessem o mesmo nome. A possível confusão foi também evidente desde o começo, tanto que João o apresentou literalmente como "Judas (não o Iscariotes)" (João 14.22).

também conhecido NÃO como Judas Iscariotes, que traiu Jesus

Lucas chamou-o de "Judas, filho de Tiago (Lucas 6:16; Atos 1:13), mas Mateus e Marcos usaram seu nome grego, "Tadeu" (Mateus 10:3; Marcos 3:18).

Pouco se sabe a respeito de Tadeu, e ele fala apenas uma vez nos Evangelhos quando faz esta pergunta a Jesus: "Senhor, mas por que te revelarás a nós, não ao mundo?" (João 14:22) — talvez demonstrando seu desejo para que a mensagem da salvação alcançasse o mundo inteiro. A tradição diz que Tadeu ministrou na Síria e na cidade de Edessa, ao longo do rio Eufrates, e na Armênia. Acredita-se que ele pregou o evangelho no meio de sacerdotes pagãos e participou de exorcismos.

Seu nome é mencionado inúmeras vezes ao lado de Simão, o zelote (Mateus 10:3-4; Marcos 3:18; Lucas 6:15-16; Atos 1:13) e algumas tradições dizem que os dois ministraram na Pártia (atualmente Irã). Histórias de terem sido martirizados juntos incluem receber porretadas até a morte e ser serrados em pedaços (c. 72 d.C.).

Outras pessoas mencionadas nas Escrituras com o nome de "Judas":

um dos irmãos de Jesus, que provavelmente foi o autor do livro de Judas no Novo Testamento (Mateus 13:55; Marcos 6:3);

um galileu rebelde (Atos 5:37);

um homem em Damasco (Atos 9:11);

Judas Barsabás, o portador da carta (Atos 15:22-32).

Oitava lição

OS PERSEGUIDOS
e os preciosos

"Bem-aventurados os perseguidos por causa da justiça, pois deles é o reino dos céus."

Mateus 5:10

CENA EXTERNA — PLANALTO DE CORAZIM (DURANTE O DIA)

(Tiaguinho, Tadeu e Natanael caminham pelos contrafortes.)

NATANAEL: Eu acho que a colina a leste do rio NahalKur parece promissora.

TADEU: Mas é uma colina. Não vai ser alta o suficiente para o povo ver e ouvir Jesus.

TIAGUINHO: Há árvores ao sul que impedem ver o mar da Galileia, que Jesus pediu especificamente.

NATANAEL: Por que ele precisa que o povo veja o mar?

TADEU: Acho que ele queria ficar bem no alto.

TIAGUINHO: E as colinas ao norte de Corazim? Lá é bem alto. A voz dele poderia ecoar.

NATANAEL: É uma subida muito íngreme.

TADEU: E a distância é muito grande para o povo de Tiberíades e Magdala. Ele disse que queria que o lugar ficasse à distância de um dia de caminhada dessas cidades.

TIAGUINHO: Talvez estejamos olhando muito para o norte.

NATANAEL: O que ele pediu? Um bosque de zimbro ou eucaliptos nos fundos, onde poderíamos acampar na noite anterior?

TADEU: Parece que ele já conhece o lugar.

NATANAEL: Sim, só falta encontrá-lo.

(AO LONGE — ovelhas e cabras balindo. Os discípulos caminham até um pequeno cume na direção do som. Ao chegarem ao cume, avistaram um monte com algumas árvores na lateral. Impedindo a passagem deles, há um muro de pedra de 1 metro de altura e um pasto imenso adiante. Na frente do muro, há uma placa de madeira desgastada com palavras escritas em aramaico.)

TADEU: "Proibida a entrada. Os infratores serão processados."

(Uma pastora de cabras cuidando de seu rebanho olha para eles.)

NATANAEL: Shalom, shalom! Não queremos fazer nenhum mal, irmã.

TADEU: Estamos aqui para negociar como amigos.

(Ela se aproxima com cautela.)

NATANAEL: Atrás de onde você está, há uma vista boa do mar da Galileia?

PASTORA: Vá embora.

NATANAEL: Você não está sendo muito amigável.

TADEU: Com licença... você é a dona?

PASTORA: É proibida a entrada de visitantes!

TIAGUINHO: É muito importante que falemos com ele.

(A pastora demonstra total desinteresse. Afasta-se da vista deles. Tiaguinho e Tadeu trocam um olhar de cumplicidade, sorrisos irônicos.)

TADEU: Estou achando que este é o local.

NATANAEL: O quê? Por quê? É totalmente hostil.

TIAGUINHO: Exatamente.

Pino quadrado, buraco redondo

Todos nós queremos ter a sensação de pertencimento. De fato, toda pessoa na face da terra deseja encaixar-se — ser apreciada, incluída, estimada. Somos movidos por isso, o que pode nos causar problemas porque, em geral, todos os lugares aos quais queremos pertencer são errados (isto é, qualquer lugar do planeta Terra).

Grave isso na memória.

Conforme estamos estudando, há uma bênção extraordinária em seguir Jesus. Quando o conhecemos, nossa vida passa a ter significado e propósito, alegria e esperança. Mas pertencer ao reino de Deus nos torna estrangeiros em qualquer lugar, porque escolher seguir a Jesus significa deixar o mundo para trás. Significa ouvir, ver, fazer e avaliar as coisas de uma forma completamente diferente. E aí está o problema, porque, uma vez que passamos a pertencer a Deus, não pertencemos mais a este mundo.

O que seria ótimo se não fosse o fato de que ainda moramos aqui.

Amados, insisto em que, como estrangeiros e peregrinos no mundo, vocês se abstenham dos desejos carnais que guerreiam contra vocês. Tenham uma conduta correta entre os pagãos para que, mesmo que eles os acusem de praticar o mal, observem as boas obras que vocês praticam e glorifiquem a Deus no dia da intervenção dele.
1Pedro 2:11-12

Sua vez

1. O que e quem está competindo com seu desejo sincero de pertencer a Deus? Em outras palavras, além dele, a quem você deseja pertencer e por quê?

Não como Deus dá

Então, Judas — não o Iscariotes — disse:
— Senhor, mas por que te revelarás
a nós, não ao mundo?
Jesus respondeu: — Se alguém me ama,
obedecerá à minha palavra. O meu Pai o amará,
e nós viremos a ele e faremos nele a morada.
Aquele que não me ama não obedece às minhas
palavras. Estas palavras que vocês ouvem não
são minhas, mas do Pai, que me enviou.
— Tudo isso tenho dito enquanto ainda estou com
vocês. Contudo, o Conselheiro, o Espírito Santo,
que o Pai enviará em meu nome, ensinará a vocês
todas as coisas e fará que se lembrem de tudo o que
eu disse. Deixo com vocês a paz; a minha paz dou
a vocês. Não a dou como o mundo a dá. Não se
perturbe o coração de vocês nem tenham medo.
João 14:22-27

Qualquer pessoa pode aceitar o convite de Jesus para segui-lo. Mas, como a pergunta/preocupação de Tadeu (também conhecido como Judas, NÃO o Iscariotes) indicou, nem todos aceitarão.

Como mencionado nas três bem-aventuranças anteriores, os escolhidos por Jesus são misericordiosos, puros de coração e pacificadores em suas interações com os outros. Mas a oitava bem-aventurança indica que tais esforços nem sempre serão retribuídos da mesma forma pelo mundo. Jesus disse aos seus seguidores que não esperassem misericórdia em troca de misericórdia (Mateus 18:21-35). Ou ausência de duplicidade em troca de pureza de coração (2Timóteo 3:12-13; 1Pedro 4:1-5). Ou ausência de má-fé em troca de pureza de coração (2Timóteo 3:12-13; 1Pedro 4:1-5). Ou paz como consequência de seus esforços para ser pacificador (Romanos 12:14-18). No entanto, apesar das notícias sombrias, Jesus prometeu que receberíamos algo melhor ainda: o Espírito Santo e todas as bênçãos que o acompanham.

E aí está o pertencimento pelo qual o nosso coração realmente anseia, porque o mundo é um lugar complexo. Mesmo quando alcançamos a felicidade, ela não é permanente; nossas circunstâncias estão em estado constante de vai e vem. O que está aqui hoje quase sempre não existe no amanhã, e é por isso que as bem-aventuranças do SDM são tão encorajadoras — são eternas. Não mudam nem desaparecem como tudo o mais em nosso mundo agonizante. "Não a dou como o mundo a dá." (João 14:27). Nessas palavras há um pouco de eufemismo (perdão, Jesus) porque, como estamos aprendendo, **o favor de Deus não é apenas o que o nosso coração realmente deseja; é para o que fomos feitos.** Como diz o ditado, fomos criados com um buraco em forma de Deus em nosso coração que só ele pode preencher — que o Espírito Santo *preenche*. Todos os outros anseios estão em lugar errado; Deus é aquele que desejamos. O problema é que nem sempre sabemos disso. E foi exatamente a esse respeito que Judas Tadeu estava se referindo quando perguntou: "Senhor, mas por que te revelarás a nós, não ao mundo?" (João 14:22)

Por que algumas pessoas creem e outras não? Ou mais de acordo com o SDM — por que alguns de nós acreditamos e os outros nos perseguem por isso? Consequentemente, como pode haver *bênção* nisso?

E agora chegamos à melhor parte do estudo inteiro.

Para os *nerds* da Bíblia (como nós) que querem saber

Paulo deu estas instruções às novas igrejas do sul da Galácia: "É necessário que passemos por muitas tribulações para entrarmos no reino de Deus." (Atos 14:22)

À primeira vista, sofrer por fazer o bem não faz sentido. Mas a persistência em pecar diante da bondade e da justiça de Deus é uma reação comum. Portanto, não devemos nos surpreender quando as pessoas também reagem com rebeldia contra a justiça no povo de Deus.

Pedro também abordou a questão de ser perseguido por causa da justiça em uma de suas cartas do Novo Testamento:

Quem há de maltratá-los, se vocês forem zelosos na prática do bem? Todavia, mesmo que venham a sofrer porque praticam a justiça, vocês serão bem-aventurados. "Não temam aquilo que eles temem, não fiquem amedrontados." Antes, santifiquem Cristo como Senhor no coração de vocês. Estejam sempre preparados para responder a qualquer pessoa que pedir a razão da esperança que há em vocês. Contudo, façam isso com mansidão e respeito, conservando boa consciência, de forma que os que falam maldosamente contra o bom procedimento de vocês, pelo fato de estarem em Cristo, fiquem envergonhados das suas calúnias. Pois é melhor sofrer por fazer o bem, se for da vontade de Deus, do que por fazer o mal. (1Pedro 3:13-17)

Sua vez

2. É fácil não dar o devido valor ao Espírito Santo, talvez porque sua presença pareça às vezes menos empolgante para nós que a presença de coisas mundanas como dinheiro, relacionamentos, elogios etc. Mas, de acordo com os versículos a seguir, que benefícios eternos a presença do Espírito Santo realiza em nossa vida terrena?

> Ora, o Senhor é o Espírito, e onde está o Espírito do Senhor há liberdade. Assim, todos nós, que com a face descoberta contemplamos a glória do Senhor, estamos sendo transformados segundo a sua imagem com glória cada vez maior, a qual vem do Senhor, que é o Espírito. (2Coríntios 3:17-18)

3. Leia Gálatas 5:22-23 e escreva os frutos do Espírito Santo nos espaços em branco abaixo do item 4. Por que a metáfora do fruto é significativa (isto é, uma macieira "se esforça muito" para produzir maçãs)?

4. Observe como os frutos do Espírito correspondem às bem-aventuranças mencionadas em Mateus 5. Trace linhas ligando os frutos às atitudes correspondentes no SDM produzidas nos seguidores de Jesus (observação: aqui não há nenhuma resposta errada!)

Frutos do Espírito	Bem-aventurados
______________	Os pobres de espírito
______________	Os que choram
______________	Os humildes
______________	Os que têm fome e sede de justiça
______________	Os misericordiosos
______________	Os puros de coração
______________	Os pacificadores
______________	Os que são perseguidos

a. Deus nos atrai para si.

b. Deus nos perdoa e habita em nós.

c. Deus nos capacita a ter atitudes do SDM no coração.

d. Deus derrama seu favor naquele com atitudes do SDM.

Em outras palavras, Deus faz todas as coisas.

Fora do mundo

— Se o mundo os odeia, tenham em mente que antes odiou a mim. Se vocês pertencessem ao mundo, ele os amaria como se fossem dele. No entanto, vocês não são do mundo, mas eu os escolhi dentre o mundo; por isso, o mundo os odeia. Lembrem-se das palavras que eu disse: "Nenhum escravo é maior do que o seu senhor." Se me perseguiram, também perseguirão vocês. Se obedecerem à minha palavra, também obedecerão à de vocês.

João 15:18-20

"Bem-aventurados os pobres de espírito, pois deles é o reino dos céus."
(Mateus 5:3)
+
"Bem-aventurados os perseguidos por causa da justiça, pois deles é o reino dos céus."
(Mateus 5:10)
=
Apoios de livro

Além do mais, as promessas das bem-aventuranças 2-7 estão todas no tempo verbal futuro. Mas os apoios de livros prometidos nas bem-aventuranças 1 e 8 estão no tempo verbal presente: "pois deles é o reino dos céus".

A promessa na última bem-aventurança é um eco da primeira — como apoios de livros. Porque, apesar de qualquer desventura que possamos sofrer deste lado da eternidade por causa de Jesus, seus seguidores podem prever alegria no futuro com ele no céu. Paulo parafraseou isso assim: "O próprio Espírito testemunha ao nosso espírito que somos filhos

Para os *nerds* da Bíblia (como nós) que querem saber

Uma simples contagem das bênçãos nas bem-aventuranças de Mateus 5:3-12 mostra que há nove ao todo. No entanto, a oitava e a nona falam de perseguição, portanto a nona é uma extensão da oitava:

"Bem-aventurados serão vocês quando, por minha causa, os insultarem, os perseguirem e, mentindo, disserem todo tipo de mal contra vocês. Alegrem-se e regozijem-se, porque grande é a sua recompensa nos céus, pois da mesma forma perseguiram os profetas que viveram antes de vocês." (Mateus 5:11-12)

Particularmente útil nessa extensão da oitava bem-aventurança é a clara diretriz sobre como reagir à perseguição: "Alegrem-se e regozijem-se." Em vez da palavra "bem-aventurado", makários (μακάριος), a extensão usa duas palavras diferentes: *chairō* (χαίρω) para "alegrem-se" e *agalliaō* (ἀγαλλιάω) para "regozijem-se". Essas palavras reconfirmam para nós a natureza jubilosa da vida cristã, mesmo diante de dificuldade.

de Deus. E, se somos filhos, também somos herdeiros de Deus e coerdeiros com Cristo. Se de fato sofremos com ele, também com ele seremos glorificados." (Romanos 8:16-17)

Então, qual é a promessa? O Espírito que vive dentro de nós é o arauto constante das melhores notícias: sua voz mansa e suave em nossos ouvidos repetindo reiteradas vezes que somos filhos preciosos de Deus, que este mundo não é o nosso lar e que nosso futuro está em um paraíso chamado céu. Nossa alegria, porém, não reside meramente na expectativa do futuro. No apoio de livros das bem-aventuranças, o reino dos céus *já* pertence aos que confiam em Jesus. O reino dos céus está presente na terra na vida do povo escolhido de Jesus.

Quando sabemos disso, tudo muda! Porque em meio às nossas lutas, dores e sofrimento, e até na perseguição por causa de nossa fé em Jesus, constatamos que seu reino celestial já está aqui — o reino ao qual pertencemos. E embora nossa nova realidade seja de fato invisível, até mesmo absurda para aqueles que estão perecendo (1Coríntios 1:18-31), esta é a verdade que dá vida e sustenta a vida aqui na terra:

O Senhor, nosso Deus — Rei do Universo e de nosso coração —, reina... sobre todas as coisas e todas as pessoas para sempre, incluindo o passado, o presente e o futuro.

O Senhor reina para sempre! O teu Deus, ó Sião, reina de geração a geração. Aleluia!
Salmos 146:10

"Assim ocorre com a palavra que sai da minha boca: ela não voltará para mim vazia, mas **fará o que desejo** e atingirá o propósito para o qual a enviei."
Isaías 55:11

Esta palavra é digna de confiança: Se morremos com ele, com ele também viveremos; se perseveramos, **com ele também reinaremos.** Se o negamos, ele também nos negará; se somos infiéis, ele permanece fiel, pois não pode negar a si mesmo.
2Timóteo 2:11-13

O sétimo anjo tocou a sua trombeta, e houve altas vozes nos céus, que diziam: "O reino do mundo se tornou do nosso Senhor e do seu Cristo, **e ele reinará pelos séculos dos séculos.**"
Apocalipse 11:15

O que significa que ele é o nosso refúgio...
em tempos de angústia, medo, necessidade e perseguição.

Deus é o nosso refúgio e a nossa fortaleza; auxílio sempre presente nas adversidades. Por isso, não temeremos, ainda que a terra trema e os montes afundem no coração dos mares; ainda que as águas rujam e se agitem e os montes sejam sacudidos pela sua fúria. Há um rio cujas correntes alegram a cidade de Deus, o Lugar Santo onde habita o Altíssimo. Deus está no meio dela; não será abalada. Deus vem em seu auxílio desde o romper da manhã. Nações se agitam, reinos se abalam; ele ergue a voz, e a terra se derrete. O Senhor dos Exércitos está conosco; o Deus de Jacó é a nossa torre segura.

Salmos 46:1-7

O Senhor rugirá de Sião, e de Jerusalém bradará a sua voz. A terra e o céu tremerão. **O Senhor, porém, será um refúgio para o seu povo, uma fortaleza para Israel.**

Joel 3:16

Não sobreveio a vocês tentação que não fosse comum aos homens. Mas Deus é fiel; ele não permitirá que vocês sejam tentados além do que podem suportar. Antes, quando forem tentados, **ele mesmo providenciará um escape, para que a possam suportar.**

1Coríntios 10:13

Assim, aproximemo-nos do trono da graça com toda a confiança, a fim de recebermos misericórdia e encontrarmos graça que nos ajude no momento da necessidade.

Hebreus 4:16

Podemos, portanto, nos alegrar... por nossa libertação do pecado e da morte, pela restauração de nosso relacionamento com Deus e por nosso futuro lar no céu.

— Dei a vocês autoridade para pisarem sobre cobras e escorpiões e sobre todo o poder do inimigo; nada lhes causará dano. Contudo, alegrem-se não porque os espíritos se submetem a vocês, mas porque o nome de cada um de vocês está escrito nos céus.

Lucas 10:19-20

Tendo sido, pois, justificados pela fé, temos paz com Deus, pelo nosso Senhor Jesus Cristo, por meio de quem obtivemos acesso pela fé a esta graça na qual estamos firmes. Assim, nos gloriamos na esperança da glória de Deus. Não só isso, mas também nos gloriamos nas tribulações, porque sabemos que a tribulação produz perseverança; a perseverança, um caráter aprovado; o caráter aprovado, esperança. Essa esperança não nos decepciona, porque o amor de Deus foi derramado no nosso coração por meio do Espírito Santo, que ele nos deu.

Romanos 5:1-5

Alegrem-se sempre no Senhor. Direi novamente: Alegrem-se! Que a amabilidade de vocês seja conhecida por todas as pessoas. Perto está o Senhor. Não andem ansiosos por coisa alguma, mas em tudo, por meio da oração e da súplica, com ação de graças, apresentem os seus pedidos a Deus. Então, a paz de Deus, que excede todo o entendimento, guardará o coração e os pensamentos de vocês em Cristo Jesus.

Filipenses 4:4-7

Bendito seja o Deus e Pai do nosso Senhor Jesus Cristo! Conforme a sua grande misericórdia, ele nos regenerou para uma esperança viva, por meio da ressurreição de Jesus Cristo dentre os mortos, para uma herança que jamais poderá perecer, macular-se ou desvanecer.

Essa herança está guardada nos céus para vocês, que, mediante a fé, são protegidos pelo poder de Deus até chegar a salvação que está prestes a ser revelada no último tempo. **Nisso vocês exultarão**, ainda que agora, por pouco tempo, devam ser entristecidos por todo tipo de provação. Assim acontece para que a fé de vocês, muito mais valiosa do que o ouro que perece ao ser provado pelo fogo, seja provada e resulte em louvor, glória e honra quando Jesus Cristo for revelado.

1Pedro 1:3-7

Porque Deus já venceu... e, em Jesus Cristo, a vitória também é nossa.

Caso você não tenha entendido, esta é uma frase tremenda:

O Senhor reina, o que significa que podemos exultar, porque Deus já venceu!

"pois o SENHOR, o seu Deus, o acompanhará e lutará por você contra os seus inimigos, **para dar-lhe a vitória.**"

Deuteronômio 20:4

Que diremos, pois, diante dessas coisas? Se Deus é por nós, quem será contra nós? Aquele que não poupou o seu próprio Filho, mas o entregou por todos nós, como não nos dará graciosamente com ele todas as coisas? Quem fará alguma acusação contra os escolhidos de Deus? É Deus quem os justifica. Quem os condenará? Foi Cristo Jesus que morreu; e mais, que ressuscitou. Ele está à direita de Deus e também intercede por nós. Quem nos separará do amor de Cristo? Será tribulação, ou angústia, ou perseguição, ou fome, ou nudez, ou perigo, ou espada? Como está escrito: "Por amor de ti enfrentamos a morte o dia inteiro; somos considerados como ovelhas destinadas ao matadouro."

Mas em todas essas coisas somos mais que vencedores por meio daquele que nos amou.

Romanos 8:31-37

Por isso, não desanimamos. Embora exteriormente nos desgastemos, interiormente estamos sendo renovados dia após dia, pois os nossos sofrimentos leves e momentâneos produzem para nós uma glória eterna que pesa mais do que todos eles. Assim, fixamos os olhos não naquilo que se vê, mas no que não se vê, pois o que se vê é transitório, mas o que não se vê é eterno.

2Coríntios 4:16-18

— Guerrearão contra o Cordeiro, mas o Cordeiro os vencerá, pois é o Senhor dos senhores e o Rei dos reis; e com ele vencerão os seus chamados, escolhidos e fiéis.

Apocalipse 17:14

Sua vez

5. À luz dos versos anteriores, descreva o favor de Deus em relação aos perseguidos em nome da justiça.

6. De que maneiras Deus tem sido um refúgio para você em tempos de tribulação (mesmo que você não tenha reconhecido isso até este momento)?

7. Quais são alguns motivos específicos que você tem para alegrar-se, apesar de uma circunstância difícil que pode estar enfrentando?

8. Leia novamente Apocalipse 17:14 citado anteriormente. Como a vitória garantida do Rei o ajuda a pôr em prática o seu chamado como um dos seus escolhidos?

CENA EXTERNA — ROCHA ALTA (AO ANOITECER)

(O sol está prestes a se pôr. Mateus caiu no sono entre as tábuas que continham o esboço do sermão. Som de sandálias em solo rochoso. Jesus aproxima-se de Mateus. Acorda-o suavemente.)

JESUS: Mateus.

(Mateus se mexe no lugar e depois se senta.)

MATEUS: Sim, Mestre.

JESUS: Eu já sei.

MATEUS *(coçando os olhos)*: A abertura?

JESUS: Sim.

MATEUS: O que é?

JESUS: Um mapa.

MATEUS: O quê?

JESUS: Orientações. Para onde o povo deve olhar para me encontrar.

MATEUS: Está bem, só um momento.

(Mateus pega um cantil, toma um gole d'água e sacode o corpo para acordar totalmente. Enquanto Jesus caminha até o mirante que dá vista para o acampamento, Mateus pega seu caderno de anotações.)

MATEUS: Estou pronto.

(Jesus olha para o acampamento. Tudo tranquilo.)

MATEUS *(continuando)*: Mestre?

JESUS *(Uma pausa. E então...)*

Bem-aventurados os pobres de espírito, pois deles é o reino dos céus.

(Vemos Natanael embaixo da figueira.)

Bem-aventurados os que choram, pois serão consolados.

(Vemos André sofrendo por causa da prisão de João Batista.)

Bem-aventurados os humildes, pois receberão a terra por herança.

(Vemos Tiaguinho e Tadeu cuidando da fogueira.)

Bem-aventurados os que têm fome e sede de justiça, pois serão satisfeitos.

(Vemos João e Tiagão logo depois que Jesus os chamou de filhos do trovão.)

Bem-aventurados os misericordiosos, pois obterão misericórdia.

(Vemos Maria Mãe colocando um xale em cima da cabeça descoberta de Maria Madalena.)

Bem-aventurados os puros de coração, pois verão a Deus.

(Vemos Tomé e Ramá trocando olhares sobre o início da jornada com Jesus.)

Bem-aventurados os pacificadores, pois serão chamados filhos de Deus.

(Vemos Filipe apaziguando um problema entre Simão e Simão Z.)

E bem-aventurados os perseguidos por causa da justiça, pois deles é o reino dos céus.

(Vemos as tropas romanas prendendo João Batista.)

> Bem-aventurados serão vocês quando, por minha causa, os perseguirem e, mentindo, disserem todo tipo de mal contra vocês.
> *(Mateus olha para cima. Há um momento de compreensão entre os homens.)*
> JESUS *(continuando)*: Alegrem-se e regozijem-se, porque grande é a sua recompensa nos céus.
> MATEUS: Sim. Mas como isso é um mapa?
> JESUS: Se alguém quiser me encontrar, estes são os grupos que eles devem procurar.

Foco da oração

Converse com Deus sobre a probabilidade de enfrentar perseguição do mundo em razão de seu comprometimento com Jesus. Conte a ele seus medos a respeito da oposição e a respeito de quaisquer ocorrências reais quando outras pessoas o insultarem, perseguirem ou, mentindo, disserem maldades contra você por causa de sua fé (Mateus 5:11). Agradeça ao Senhor porque ele o escolheu para proclamar o reino dos céus deste lado da eternidade e por lhe ter dado o Espírito Santo como conselheiro em tempos de tribulação. Peça que seu Espírito o capacite a agarrar-se à verdade, aconteça o que acontecer, a amar seus inimigos e a orar por aqueles que o maltratam... e experimentar desde já as alegrias eternas por pertencer ao reino dele.

Modelo de oração

Amado Senhor,

Tua Palavra diz que dificuldade e oposição fazem parte do que significa seguir Jesus, e estou realmente assustado com a ideia. Obrigado porque nada pode atravessar o meu caminho sem que antes seja mensurado por ti, e obrigado porque já enviaste o Espírito Santo para ser meu Conselheiro. Ajuda-me, por favor, a permanecer fiel a ti, mesmo quando sou pressionado e perseguido por aqueles que (talvez sem saber) se opõem à verdade do evangelho. Ajuda-me a reagir com amor às pessoas, sabendo que antes eu também fiz oposição a ti. Obrigado por me resgatares. Ajuda-me a sentir a tua alegria agora como parte do teu reino eterno.

Amém.

Conclusão

BEM-AVENTURADOS OS ESCOLHIDOS

No último episódio da temporada 2 de *The Chosen*, Jesus descreve as bem-aventuranças como um tipo de mapa, dizendo: "Se alguém quiser me encontrar, estes são os grupos de pessoas que eles devem procurar." O mapa, claro, é apenas um esboço, pois os discípulos de Jesus estão longe da perfeição para serem exemplos das bem-aventuranças. Seus discípulos do primeiro século *não eram* perfeitos, nem os seus discípulos do século 21 o são. Mas esse é o xis da questão, porque Jesus sabia o que seus seguidores precisavam ouvir:

1. O encorajamento que tanto desejavam

Como mencionamos, as oito bem-aventuranças do relato de Mateus sobre o SDM podem ser divididas em dois grupos. As quatro primeiras são mais *pessoais* e prometem uma reviravolta na vida do povo escolhido de Deus à medida que eles continuam a olhar para ele: bem-aventurados os pobres de espírito, os que choram, os humildes, os que buscam justiça, porque serão satisfeitos e consolados. Eles terão seu lugar na terra e herdarão o reino de Deus.

Portanto, sintam-se encorajados, vocês que foram escolhidos, apesar de suas circunstâncias atuais.

2. O desafio para reorganizar suas prioridades

As quatro últimas bem-aventuranças são mais *interativas* e prometem recompensa no fim dos tempos aos escolhidos à medida que continuam a amar os outros em meio às dificuldades da vida: bem-aventurados os misericordiosos, os puros de coração, os pacificadores e os perseguidos por causa da justiça, pois obterão misericórdia e serão chamados filhos de Deus. Eles experimentarão — deste lado da eternidade! — o reino do céu que já é deles.

Portanto, continuem a reagir aos outros como Jesus reagiria, vocês, os escolhidos, em meio às suas atuais circunstâncias.

Temos a missão de ser as mãos, os pés *e o coração* de Jesus para o mundo agonizante e devastado no qual ainda vivemos, o que significa reagir às pessoas e interagir com elas de uma forma completamente contracultural — como o nosso Salvador faz. E, pela sua graça, receberemos força para cumprir essa missão, sabendo disto e apegando-nos a isto o tempo todo:

Que como povo escolhido de Deus — totalmente amado, profundamente amado —, estamos a caminho de uma glória eterna que vai muito além dos seus sonhos mais ousados.

O que significa que podemos receber os parabéns.

Bendito seja o Deus e Pai do nosso Senhor Jesus Cristo, que nos abençoou com todas as bênçãos espirituais nas regiões celestiais em Cristo. Porque Deus nos escolheu nele antes da criação do mundo, para sermos santos e sem culpa diante dele. Em amor nos predestinou para sermos adotados como filhos, por meio de Jesus Cristo, conforme o bom propósito da sua vontade, para o louvor da sua gloriosa graça, a qual nos deu graciosamente por meio do Amado.
Efésios 1:3-6

O favor de Deus está sobre você.

ANOTAÇÕES

ANOTAÇÕES

ANOTAÇÕES

ANOTAÇÕES

SOBRE OS AUTORES

Amanda Jenkins é autora, palestrante e mãe de quatro filhos. Escreveu seis livros, incluindo *Confessions of a Raging Perfectionist* [Confissões de uma perfeccionista radical], um livro de memórias que tem inspirado estudos bíblicos e conferências para mulheres dos EUA. Especializou-se em escrever e ensinar autenticidade verdadeira em nossa fé e é a criadora principal do conteúdo extra da série *The Chosen*, que inclui devocionais do *The Chosen*, volumes I e II, e o livro para crianças intitulado *The Chosen: Jesus Loves the Little Children* [Os escolhidos: Jesus ama as crianças] e *The Shepherd* [O pastor]. Amanda mora nos arredores de Chicago com seus filhos e seu marido, Dallas, criador da série *The Chosen*.

Dallas Jenkins é cineasta, autor, palestrante e pai de quatro filhos. Nos últimos vinte anos, dirigiu e produziu mais de uma dúzia de filmes para empresas como Warner Brothers, Lionsgaste, Universal Studios e Hallmark Channel. Atualmente é criador da série *The Chosen*, o primeiro programa de várias temporadas sobre a vida de Cristo e o projeto de mídia mais financiado até hoje pelo público. Dallas é também coautor dos *best-sellers* devocionais *Chosen* [Escolhidos].

O consultor bíblico evangélico oficial da série de TV *The Chosen*, **Douglas S. Huffman** (ph.D., Trinity Evangelical Divinity School) é professor do Novo Testamento e reitor adjunto de Estudos Teológicos e Bíblicos da Talbot School of Theology (Biola University) na Califórnia. Especialista no Novo Testamento grego (Lucas/Atos) e Pensamento Cristão, é autor de *Verbal Aspect Theory and the Prohibitions in the Greek New Testament* [Teoria do aspecto verbal e proibições no Novo Testamento grego] e *The Hand Guide to the New Testament Greek* [Guia prático do Novo Testamento grego]; editor colaborador de livros como *God Under Fire: Modern Scholarship Reinvents God* [Deus sob fogo: a erudição moderna reinventa Deus], *How Then Should We Choose: Three Views on God's Will and Decision Making* [Como então deveríamos escolher?: três visões sobre a vontade de Deus e a tomada de decisão] e *Christian Contours; How a Biblical Worldview Shapes the Mind and Heart* [Contornos cristãos: como uma cosmovisão bíblica molda a mente e o coração]. Colabora com vários periódicos teológicos e obras de referência. O dr. Huffman pode ser visto em "Mesas-redondas sobre a Bíblia" da série *The Chosen*, no aplicativo de mesmo nome. Huffman gosta de trabalhar com os estudantes da Biola, indicando a Escritura como a Palavra de Deus para nós hoje.

Este livro foi impresso pela Ipsis, em 2025, para
a Thomas Nelson Brasil. O papel do miolo é
offset 90g/m², e o da capa é cartão 250g/m².